中公新書 2787

鈴木真弥著

カーストとは何か

インド「不可触民」の実像

中央公論新社刊

まえがき

いま著しい経済成長を背景に、インドは中国と並ぶ巨大市場として注目され、そのイメージは大きく変化しつつある。インドの人口は一四億人を超え、二〇二三年には中国を上回り世界最多の人口を誇る国家となった。国際情勢も目まぐるしく変化するなかで、日本でも対中国を見据えたインドの重要性はいっそう高まっている。このような状況下で、激動のインド社会を生きる人びとの暮らしや意識は、どのように変わっているのだろうか。あるいは変わらないのだろうか。

日本とインドの関係は、政治経済分野でのつながりも増え、ますます身近な存在になりつつある。しかし、インドが歩んできた歴史、文化、宗教、人びとの暮らしなど、日常生活を知る機会は依然として限られている。

本書では、抽象的に語られることの多いインド特有の身分制であるカーストについて、現代のインド社会で実際にはどのような意味を持つのか、歴史的背景を踏まえつつ、カーストに基づく差別や格差の克服をめざす取り組みなどを現地の声と運動から明らかにする。

カーストとは、国が定めた制度ではなく社会的な身分制である。いつのまにか社会に根付いた慣習と考えられている。カーストは、結婚、職業、食事などに関する規制を持つ排他的な人口集団である。

カースト制とは、各カースト間の分業によって保たれる相互依存関係と、ヒンドゥー教的価値観によって上下に序列化された身分関係が結び合わさった制度である。

そこには、「ジャーティ」（生まれの意）と「ヴァルナ」（色の意）という概念が含まれる。両者が、経糸《たて》と緯糸《よこ》のように組み合わさっているのがカースト全体のイメージだ。

ジャーティとは、分業体制に基づいた相互依存的な人間関係である。貨幣制度がなかった昔、インドでは壺を作る集団が、換わりに米をもらうなど自給自足的な社会だった。職業を代々世襲し、結婚関係は親が取り決めるなど閉鎖的な各集団のあいだで、生産物やサービスのやり取りが行われていた。

ヴァルナとは、バラモン（祭官階層）、クシャトリヤ（王侯・武人階層）、ヴァイシャ（平民階層）、シュードラ（上位三ヴァルナに奉仕する隷属民階層）の四種姓から成り、バラモンが一番上に位置する序列の枠組みである。日本では歴史教科書に記され、一般に理解されるカースト制はこれだろう。

ヴァルナは、紀元前一五〇〇年から紀元前一二〇〇年にかけてインド亜大陸に攻め入ったアーリヤ人が、自分たちよりも肌の色の黒い先住民と自集団を区別するために用いた言葉とも言われる。ただし、そもそもヴァルナは、古代インドのサンスクリット古典籍に記された社会階層概念であり、実体的なものではなかった。

紀元後数世紀には、シュードラの下にさらに「不可触民」というカテゴリーが付け加えられる。

今日の私たちが思い描くカーストは、ジャーティとヴァルナが長い歴史のなかで絡み合ってできあがったものだ。同様に不可触民も歴史のなかで位置づけられていった。

なお、不可触民の現地語は主にヒンディー語で「アチュート」、英語で「untouchable」「outcaste」、南インドのタミル地方で「パライヤ」である。現在では差別語として忌避されており、本書では彼らが積極的に用いる「ダリト」（ヒンディー語で「抑圧された者」の意味）を基本的に使う。また、インドでは、行政用語として「指定カースト」（Scheduled Castes, SCs）が用いられている。

ダリトの人口はおよそ二億一三八万人、インド全人口の一六・六％を占める（二〇一一年国勢調査）。日本の人口を上回る規模である。さらに言えば、インド人口の八〇％近くを占めるヒンドゥー教徒（九億六六二六万人）以外の宗教コミュニティ、たとえばイスラーム教徒（一億七二二五万人）やキリスト教徒（二七八二万人）のなかにも、実はカースト的慣習がある。したがって、ヒンドゥー教という宗教だけでカーストの存在を説明することはできない。

「インドと言えばカースト」としばしば言われるが、カーストはインドに重くのしかかる厄介な問題だ。大国への飛躍をめざすインド政府にとって、カースト問題は、表立って積極的に取り上げるものではない。政府報告書や行政資料でカーストが言及されるのは、下位カーストへの福祉政策がほとんどであり、「カースト問題は下位カーストの問題」という認識は、とりわけ中間層以上の人びとのあいだで広くみられる。

インド憲法では、カーストの存在そのものではなく、カーストによる差別を禁止している。第一五条「宗教、人種、カースト、性別または出生地を理由とする差別の禁止」のなかで、カーストが宗教や人種などと並記されている。本論で述べるが、差別解消のために、政府、NGO、そして被差別カースト自身によってさまざまな努力が行われてきたが、カースト的文化、カースト的慣習と言うべきものは、いまなお残っているのが実情だ。

筆者は、自由・平等・民主主義が憲法上保障された独立後のインドで、カーストやダリト差別というインド社会を特徴付けてきた問題がどのように変容しているのかについて、問題意識を持って研究を続けてきた。

ダリトへの差別や社会的不平等は、現在もさまざまなかたちで存在する。差別の程度やその内容、差別的慣行がある地域は異なるものの、インド社会で歴史的、社会的、経済的、政治的にダリトが被差別集団であることは共通している。たしかにダリトは経済的弱者という点では、他の下位カーストとされる人びとと類似した状況にある。だが、「蔑視《べっし》された、不浄のコミュニティ」とラベリングされている点で、ダリトは、他の下位カースト集団と社会的位置づけが大きく異なる。

この本では、不可触民＝ダリトとされる人びとの現実からカーストを見つめ、伝えなければという思いから執筆した。その状況にこそ、多様で複雑なインド社会の本質に迫る手がかりがあると思うからだ。

インドの歴史や学術的議論を紹介しつつ、統計数字だけでは十分に示すことができないカーストの実態について、フィールド調査やそこでのエピソード、また映画などを通じて具体的に記していく。カーストは理念のみで理解するのは難しい。具体的な事例をできる限り多く紹介する。

本書が読者のインド理解の一助となれば幸いである。

目次

インド（2023年現在）

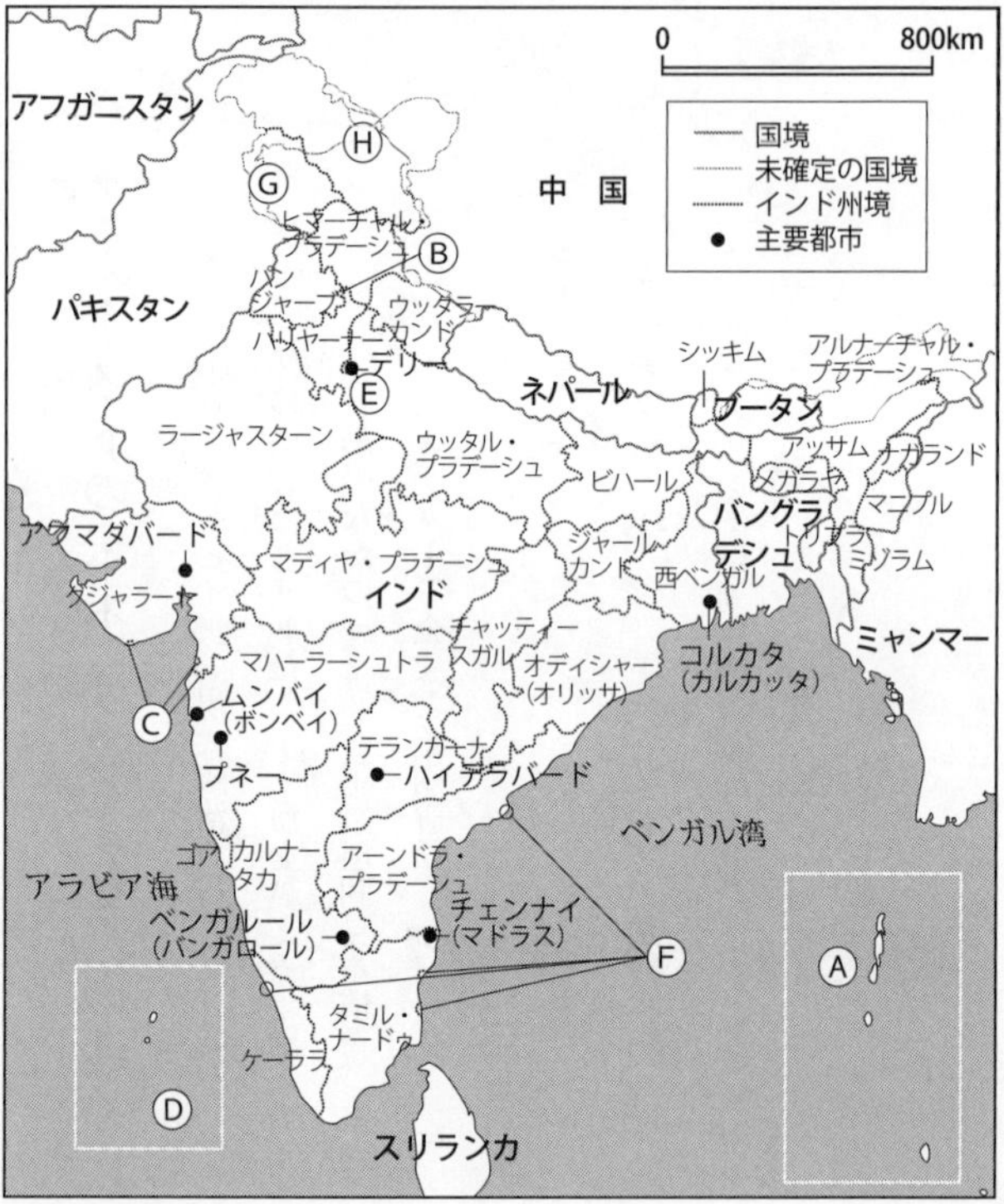

連邦直轄地
Ⓐアンダマン・ニコバル諸島
Ⓑチャンディーガル
Ⓒダードラー・ナガル・ハヴェーリー及びダマン・ディーウ
Ⓓラクシャドウィープ
Ⓔデリー
Ⓕプドゥチェーリ
Ⓖジャンムー・カシュミール
Ⓗラダック

出典：佐藤隆広他編著『図解インド経済大全』（白桃書房，2021年）を基に筆者作成

カーストとは何か——インド「不可触民」の実像

凡例

・四ヴァルナ制でシュードラの下に位置づけられた、あるいはアウト・カーストとされる人びとについて、日本ではヒンディー語で「アチュート」、英語で「untouchable」を意味する「不可触民」と記してきた。だが、現在、差別語として忌避されている。本書では基本的には彼らが自称する「ダリト」を用いる。ただし、歴史用語、制度、引用文で使う場合には不可触民を用いる。
・外国語文献の引用文において、訳者名を付していない邦訳は基本的には筆者による。
・引用文中の〔 〕は筆者による補足である。
・敬称は略した。

序章　カーストとは何か

1　ジャーティ、ヴァルナ、イギリス植民地

多民族・多言語・多文字・多宗教の地

人口一四億人を超えるインドは、「多様性の国」と言われる。

歴史を遡《さかのぼ》れば、紀元前三五〇〇年にイラン高原からドラヴィダ系民族の移住があり、紀元前一五〇〇年以降は、アフガニスタン辺りからアーリヤ系民族が移り住んだ。これらの主要な二民族の他にも、日本人の顔立ちとよく似たモンゴロイド系などさまざまな民族が、長い年月をかけてインド亜大陸に流入し定住した。

言語と文字にも多様性がみられる。地域言語の層が幾重にも重なり、北部インドだけでもインド・ヨーロッパ語族、南部のドラヴィダ語族、北東インドのシナ・チベット語族などに

大きく分かれ、インドで日常的に使われる言語は約七八〇〜一六〇〇という説がある。これらの言語の多くは独自の文字体系を持つ。ラテン文字を共有する欧州と比べて、インドは多文字社会としても独特な歴史的発展を遂げている。

多民族、多言語、多文字の特徴に加えて、宗教の多様性も顕著だ。インドではヒンドゥー教徒（九億六六二六万人、全体の七九・八％）が国民の大多数を占めるが、インド政府は国教を定めず、世俗主義（セキュラリズム）の立場をとる。それは憲法で宗教の自由の権利を保障したうえで、宗教への国家の中立性を保ち、特定の宗教を優遇することを禁止する立場であり、それを国是としてきた。

ヒンドゥー教徒の他に、イスラーム教徒（一億七二二五万人、一四・二％）、キリスト教徒（二七八二万人、二・三％）、シク教徒（二〇八三万人、一・七％）、仏教徒（八四四万人、〇・七％）、ジャイナ教徒（四五〇万人、〇・四％）など多くの宗教コミュニティが存在し、世界の主要な宗教をインドでみることができる（二〇一一年国勢調査。人数の数値は千の位を四捨五入）。なお、ヒンドゥー教、シク教、仏教、ジャイナ教はインド発祥である。

これらの宗教は、既存の宗教文化と相互交渉を繰り返す過程で変化を遂げてきた。宗教学や文化人類学で、異質の宗教・文化が相互接触により、多様な要素が混交・重層化していく現象を「習合」（シンクレティズム）と呼ぶが、南アジアの宗教世界を理解する一つの重要な概念となる。

ヒンドゥー教は土着の神や儀礼などを取り込むことで発展し、シク教は、ヒンドゥー教とイスラーム教を批判的に統合する試みのなかで生まれた。ただし、すべての宗教を習合現象と断定することはできないし、習合概念について、批判的な検討も行われてきた。

インドでは日常のなかに異なる宗教の要素を混交させる状況をよく目にする。筆者が訪問するヒンドゥー教徒家族の神棚には、ヒンドゥー教の代表的な神々の他に、仏像、コミュニティの歴史と関連する土着の聖者や女神像が一緒に置かれていることが多い。混交的、融合的性格は、インド世界を醸成する大きな特徴と言えよう。

では、カーストもインドの多様性の一つを構成しているのだろうか。

生まれによって決められる

まず、カーストと、それに基づく社会制度のカースト制について、基本的特徴を説明しておきたい。

「まえがき」で触れたが、カーストとは、結婚、職業、食事などに関してさまざまな規制を持つ排他的な人口集団である。各カースト間の分業によって保たれる相互依存の関係と、ヒンドゥー教的価値観によって上下に序列化された身分関係が結び合わさった制度をカースト制と呼ぶ。

カーストと称される慣習や不可触民の存在は、古くからインドを訪れる旅行者、植民地官僚、学者たちの関心の的だった。

しかし、カースト＝casteという語は、もともとインドにはなく外来語である。一六世紀の大航海時代に、ポルトガルの航海者がインドで目にした社会慣習に付けた「カスタ」(casta) に由来する。カスタは、ラテン語で「カストゥス」(castus) の「混ざってはならないもの、純血」から派生し、「血筋、人種、種」を意味する。

インド固有のものとみなされるようになったのは、一八世紀末という考えが有力だ。ポルトガルのインド来航以前に遡ることはなく、ヨーロッパとインドの接触によって、そしてその後の植民地支配の歴史のなかで、カーストの概念が形成されていく。

ヨーロッパ人が名付けたカーストという概念には、現地社会の二つの概念が含まれている。これも「まえがき」で述べたが、それは、「生まれ」を意味する「ジャーティ」(jati) と「色」を意味する「ヴァルナ」(varna) である。

ジャーティは、職業の世襲、複数の内婚集団、共通の慣習、一定の地域社会を基盤とした集団である。どのジャーティに帰属するのかは出生によって決まり、個人が自由に変更することはできない。子どもは親と同じジャーティに属する。

ジャーティとヴァルナの関係

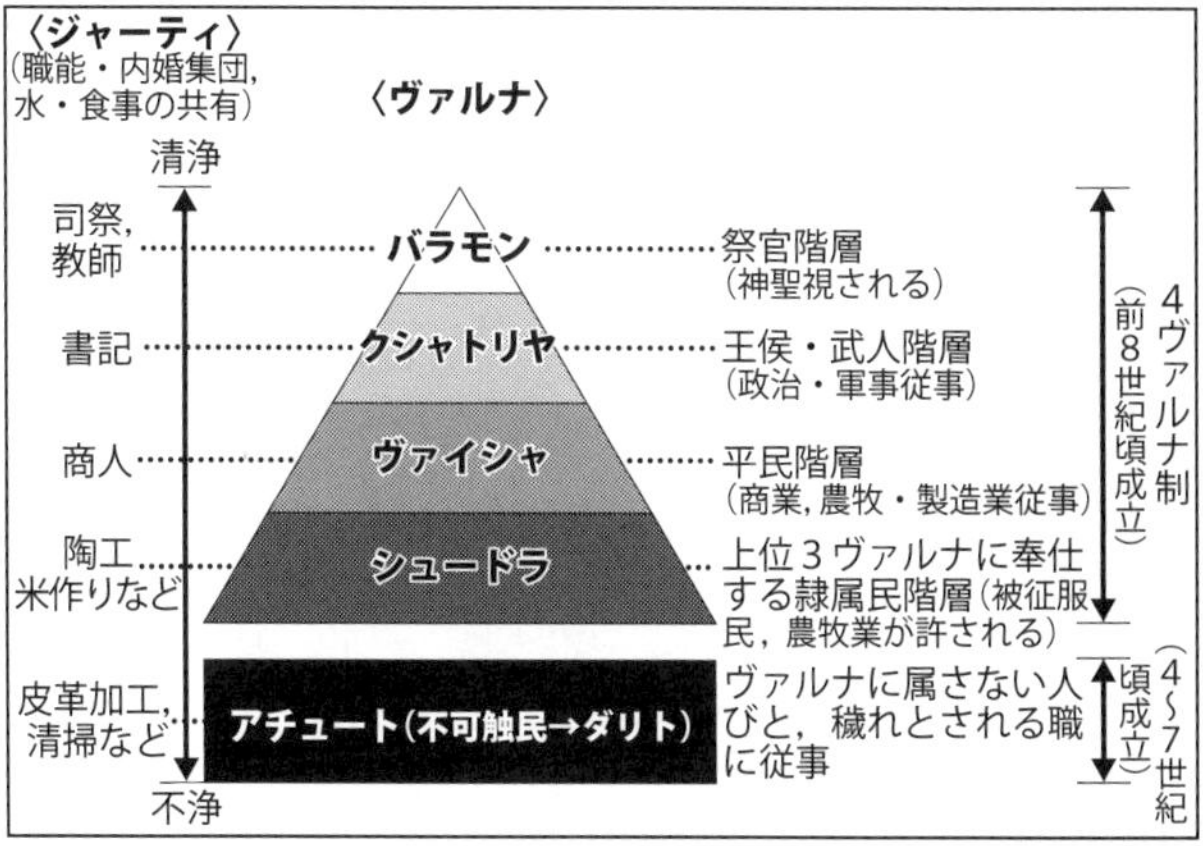

註記：ジャーティの職種は，相互に依存し合う分業・互酬的関係でもある
出典：『詳説 世界史図録』第5版（山川出版社，2023年），『最新世界史図説 タペストリー』21訂版（帝国書院，2023年）などを基に筆者作成

ジャーティには食事の規制もある。たとえばヴェジタリアン（菜食主義）かノンヴェジタリアン（非菜食主義）か。自分より低いジャーティと一緒に食事（共食）をしない。水や食べ物を受け取らないなどの規制がある。こうしたことによって他集団と自らを区別し、各集団間に身分上の序列関係を認めている。

このようなジャーティの存在が歴史資料によって確かめられるのは一〇世紀頃からだ。また、各ジャーティ間には序列だけでなく、モノとサービスの交換関係も存在し、村落共同体に代表されるような分業に基づく安定的な社会システムという側面もある。なお、本書でカーストというときは、主にこのジャーティを意味する。

一方、ヴァルナは、紀元前一五〇〇年から紀元前一二〇〇年にかけて、北方からインド亜大陸に進出したアーリヤ人が自分たちよりも肌の色の黒い先住民と自集団を区別するために用いられた言葉と言われ、古代インドのサンスクリット古典籍に記された社会階層概念である。浄／不浄の観念によって階層化された頂点のバラモン（祭官階層）、クシャトリヤ（王侯・武人階層）、ヴァイシャ（平民階層）、シュードラ（上位三ヴァルナに奉仕する隷属民階層）と下るにつれて、不浄の度合いが増す四階層から成る。

この概念は、紀元前八世紀から紀元前七世紀に成立し、紀元後四～七世紀には、これらの下にさらに不可触民＝ダリトというカテゴリーが付け加えられた。不可触民をシュードラの下に置いたことで、シュードラの差別は緩和された一方、不可触民への差別が強化されていく。このことから、不可触民の存在により、ヴァルナ制の枠組みが安定化したと考えられている。

先述したように、もともとヴァルナはヴェーダ文献や法典によって伝えられた理念的なもので、実体的ではなかった。しかし、八世紀頃から地域単位でジャーティの慣習が定着すると、次第にヴァルナ制の階層理念に対応しながら、身分的に位置づけられていく。ただし、その序列は固定的だが厳密ではなかった。

イギリス植民地支配による実体化

理念のヴァルナが実体化し、現実のインド社会に影響を与えるようになったのは、イギリスによる植民地支配の時代に、古代サンスクリット文献が積極的に参照、利用されるようになったからだ。それは一九世紀以降と考えられている。

そこでは植民地政策から現地社会への一方的な影響だけではない。インド人もカーストに関連する植民地政策に積極的に反応し、自らの行動も変えていく。インド社会は植民地支配のもとで、カーストが顕在化する社会になっていったのである。

カースト的身分とは、長い歴史と慣習によって形成された社会的身分である。重要なのは、イギリス植民地政府と独立後のインド政府によってカーストという社会集団が公に認知されたことだ。その概念規定や範疇《はんちゅう》は、行政府による福祉政策などの介入によって影響を大きく受けた。したがって、今日のカーストを考えるとき、こうした歴史的変容を踏まえることがきわめて重要だ。

さて、イギリス植民地政府は、インドで徴税目的のために地租策定事業、国勢調査（**Census**）、地誌（**Gazetteer**）、民族誌調査の編纂《へんさん》を行っていく。そのなかで、土地所有形態や宗教に関する詳細な情報や、カーストなどの社会集団とその慣行について、植民地官僚の人類学者たちが収集する。彼らは、従来の文献調査中心のカースト研究から、現地調査に重点を置く手法を確立していく。

しかし、植民地官僚による研究は、根本的にはカーストを植民地支配に利用できるのか否かだ。したがって、一九世紀末から二〇世紀初頭にかけて、インド住民を記録した民族誌調査はあくまで、「効率的な支配」を目的としたものだった。イギリスは、パラノイア的とも言えるほどの時間と人力を費やし徹底的に調査し記録したが、そうして蓄積された知識は、イギリス人のインド社会観が反映されたものであり、あくまでイギリスが植民地統治に利用するためだった。

ただ目的はともかく、イギリスの大規模な植民地事業は、曖昧《あいまい》で体系化されていなかったカースト集団やカースト制の概念を実体化させることにつながった。インド人は、植民地支配による新たな状況に対処すべく、各カーストが団体を結成し自集団の要求をイギリス植民地政府に求めることになる。そして、イギリス植民地行政は現地社会全体に多大な影響を与えていくことになる。

2 不平等の源泉——複層化する差別

対等ではない現実

ここまで述べたように、カーストが身分や分業、人びとのアイデンティティとして大きな意味を持つようになったのはそれほど遠い昔のことではない。とくにイギリス植民地行政が与えた影響が非常に大きかった。

このため、「イギリスがカーストをつくった」という見方もある。だが、これは誤りだ。とくにカーストとヒンドゥー教の関連性や不可触民問題を否定する立場から聞かれる主張だが、イギリスが支配する以前から、被差別集団の存在は歴史資料で確認することができる。また、紀元前五世紀にはバラモンを頂点に四階級からなるバラモン教は存在した。同じく紀元前五世紀頃のカースト身分に反対する思想と運動は、仏教誕生の契機であった。紀元前からカーストは存在していたのだ。

カーストへの意見や理解は、インドでも実にさまざまだ。たとえば、イギリス支配からの独立運動を中心的に率い「インド独立の父」として知られる政治指導者、思想家としても名高いM・K・ガーンディー（一八六九～一九四八）が、カーストについて肯定的な立場だったことは、日本であまり知られていない。

ガーンディーは「非暴力不服従運動」により、インドで初めて大衆的民族運動を展開させた。彼による不可触民解放運動は、第2章で詳述するが「ハリジャン運動」として知られ、いまでもガーンディー思想の信奉者であるガーンディー主義者らによって継承されている。

M・K・ガーンディー（1869～1948）　政治指導者・思想家．グジャラート州出身．ロンドンで学び弁護士に．第1次世界大戦後，国民会議派に参加．非暴力不服従による独立運動を展開，名声を得る．独立後，彼の構想に反し印パが決裂するなか，ヒンドゥー至上主義者に暗殺される

カーストの基本的特質には、一定の地域を範囲として、複数の内婚集団からなり、職業の世襲という三点がある。このなかで、ガーンディーは、とくに職業の世襲を重視し、先祖伝来の職業を継承することは社会的義務と主張していた。カーストを生まれで定められた「健全な分業」と考えていたのだ。ただし、不可触民への差別が厳然として存在する問題もガーンディーは認識していた。カースト間の序列は、本来のカーストのあるべき姿ではないという立場で、ガーンディーは「優劣のないカースト」を求めていた。

なお、ガーンディー自身は西インド・グジャラート州の商人カースト（バニヤー）出身で、代々雑貨商を営んでいたが、祖父の代から藩王国の宰相を務めた。ガーンディーはボンベイ（現ムンバイ）で教育を受けた後、イギリスに渡り弁護士の道に進んだ。

たしかにカーストは多様な職種に存在してきた。サンスクリット学に精通し、家庭や寺院の儀礼を執り行う祭司カースト、武人カースト、農耕民カースト、機織り、壺作り、油作りなどの職人カースト。絵師、楽団などの芸能カースト、清掃、床屋、出産や葬送儀礼に関わるカーストなど、その数は二〇〇〇～三〇〇〇に及ぶと言われる。それらがカーストという社会集団を担ってきた。貨幣経済が浸透する以前の社会では、分業によってモノやサービスがカースト間で取り引きされるヨコのつながりが地域社会を支えていた。

しかし、すべてのカーストが対等な立場ではない。ヒンドゥー教の思想である浄・不浄を基層にして序列化されていた。たとえば、不可触民の仕事は、ヒンドゥー教でもっとも不浄とされる死や廃棄物に関わるものに限られた。葬儀の楽隊、清掃、皮革業、洗濯、助産師の仕事を不可触民以外のカーストの人びとは忌避した。

格差を生む要因

カーストの差別、不平等に注目するならば、インドのなかでの多様な格差、つまり、格差の要因がさまざまであることを指摘する必要があるだろう。インド出身のノーベル経済学賞受賞者アマルティア・センは、著書『議論好きなインド人』のなかでインドの多様な格差について次のように述べている。

この主題〔インドの多様な格差〕は、つぎの二つの異なる理由から扱い方が難しい。第一には、階級が不平等の唯一の源泉ではないからである。格差の源泉としての階級利害は、分断のそのほかの要因、たとえばジェンダー、カースト、宗教、集団《コミュニティ》等々もふくむより大きな構図のなかに配置されねばならない。

（『議論好きなインド人』）

センはカーストについて、階級、ジェンダー、宗教と並ぶ不平等の源泉とする。さらに、「貧困層」と「下層カースト」が重なることで、社会経済的に弱い立場に置かれる人びとのリスクがいっそう高まることを強調する。

下層カーストに属することは疑いもなく独自の格差要因であるが、その影響は、下層カースト家族が同時にきわめて貧困であるときに、一層増大される。ダリトやほかの被差別カーストあるいは指定部族〔インド憲法第三四二条に基づいて、州もしくはその一部ごとに指定された部族コミュニティの総称。文化的独自性、社会経済的後進性、山岳地など隔絶された地域に居住するコミュニティ／第1章第2節〕の人々の生活の悲惨さは、カーストや部族を理由とする不利な立場が、極貧状態によって増幅されるときに、とりわけ厳しいものとなる。カーストにかかわる対立から生まれる暴力も、たんにカーストだけではない多くの問題が関連している。

（同前）

被差別カースト出身というだけでなく、貧困層、女性というさまざまな属性が重なり合うことで、その人の置かれた状況や社会との関係性がいっそう困難になることがある。これをさまざまな差別が重なり、複合したものとして認識することが重要である。

社会学者の上野千鶴子によれば、差別にはその複層性によって三つの種類に分けられるという（「複合差別論」）。

第一は、「単相差別」で差別の次元が単一であるものを指す。だが、現実にはこのケースは少ない。人種やジェンダーなどの差別は、しばしば経済階級と結びついていることが多いからだ。

第二に、「重層／多元差別」である。複数の次元の差別が重層化し、蓄積している状態を意味する。たとえば、同じ被差別カーストのなかでも、男性よりも女性の方が、息子よりも娘の方が不利な立場に置かれやすい。

第三の差別は「複合差別」である。重層／多元差別のように単に複数の差別が蓄積的に重なった状態ではなく、複数の文脈のなかでねじれや逆転がある複雑な関係である。

被差別カースト出身の三〇歳未婚女性

カーストと差別の問題を知る手がかりとして、一人の女性を紹介したい。

ラージクマーリー（仮名）は、一九九〇年デリー生まれ。ダリトの「清掃カースト」（カースト名は「バールミーキ」）の出身である。ダリトの女性たちは一般的に早婚で、一〇代後半までに親の決めた相手と結婚するケースが珍しくないが、ラージクマーリーは三〇歳を超えたが未婚である。生後すぐに発症した病気が原因で片眼を失明し、また清掃カースト出身の女性というインドでは不利な立場のため嫁ぎ先がみつからないという。障がい者として公的支援の対象は、両眼失明の場合で、片眼の場合は医療補助や福祉支援を受けられない。

筆者が初めて出会ったときのラージクマーリーは一六歳だった。好奇心旺盛で活発な印象を受けた。兄二人、姉三人の末っ子で、家族のなかでラージクマーリーは初めて高校に進学した。勉強に前向きで、放課後の夕方には、父親が近所の子どもたちを集めて、自宅の屋上で開いていた塾の手伝いをしていた。「大学で政治学と会計を学んで、将来は銀行で働きたい」という明確な夢を持っていた。

高校卒業後、順調にデリー市内の名門女子カレッジに進学する。ラージクマーリーが勉強を続ける一方で、姉三人は次々に結婚していった。ラージクマーリーがカレッジに入学したとき、筆者は彼女の両親に「ラージクマーリーは結婚するだろうか？」と尋ねた。母親は

「彼女には障がいがあるから結婚は難しいと思う。学歴もあるし、年齢も上だから同じカーストの男性とは無理ね」と答えていた。

教育レベルが平均よりも低い清掃カースト内部の縁組では、一般的に女性に若さが求められ、高学歴は敬遠されやすい。また男児を産むことが強く期待される。父親も母親と同じ考えのようで、「ラージクマーリーの相手は見つからないだろう。私が退職したら、年金と他の収入を合わせて余裕があるだろうから、一緒に村に帰ってゆっくり暮らすつもりだよ」と話していた。

母の死による暗転

ラージクマーリーが大学院に進学した年に、不幸が訪れる。母親が肝臓がんで急逝したのだ。ラージクマーリーと両親が描いていた将来の計画は大きく揺らいだ。母親がいなくなった後、家事や父親の世話をするのは彼女の役目となったからだ。家には父親の他に、妻が失踪した長兄とその子ども三人、アルコール依存症の次兄が一緒に暮らしていた。家事をできるのはラージクマーリーしかおらず、彼女が母親の代わりにならざるを得なかった。

朝四時に誰よりも早く起床して、家族全員分のチャイ（スパイスとミルク入りの甘い紅茶）を作り、朝食の準備と長兄の子どもたちの弁当も作る。昼までに掃除と洗濯を済ませ、昼食を作ってから午後四時頃までが少ない自由時間だが、近所で牛乳や夕飯の食材の買い出しに行き、帰宅後は夕飯の準備で忙《せわ》しない。

母の死で生活が一変し、進学したばかりの大学院を一年目で休学した。現在は家計を補うために、不定期で事務仕事や路上市場でアクセサリー販売の仕事をしている。父親は蓄えの大部分を妻の治療費で使い切り、退職したばかりで経済的に苦しい状況にある。

ラージクマーリーは片眼が見えなくても、日常生活に大きな支障はなく、パソコンスキルの講座修了書も持っている。これまでたくさんの履歴書を送っているが、手応えはないという。面接に進んでも、「その眼でパソコン作業に支障はありませんか?」、「片眼で受付の仕事は、客によい印象を持たれないから雇えない」と面接官に指摘され、断られる。インドでは公務員の採用時に、ダリトを優先的に雇用する制度がある。だが、一つのポストに数千人が応募する激しい競争率でまったく期待が持てないとラージクマーリーは嘆く。

彼女は自分の人生を「石臼」にたとえる。「もっと勉強したいのに、家族からのプレッシャーで板挟みだわ。家事と家族の世話をすべて私がしなければならないし、アルコール依存の兄はあてにならない。まるで石臼のあいだですり潰されている状態よ」と。もし男性に生まれていたら、別のカーストに生まれていたら、眼の障がいがなかったらと彼女は考えている。

3　見えにくい姿、根強い意識

公の場ではタブーなのだが

インドについて日本の大学で講義をすると、必ずといってよいほどカーストに関する質問が出る。

「いまでもカーストによる差別はあるのですか」「カーストの数はどれくらいありますか」「ヒンドゥー教徒以外にもカーストはありますか」「自由にカーストを変えられますか」

カーストがカレー、タージマハル、近年に躍進するIT産業と並んで、日本人のインドイメージの主要な部分を占めていることは間違いない。このとき、多くの人が思い浮かべるカーストとは、歴史の教科書に載っているピラミッド型の概念図ではないだろうか。

短期の旅行や出張でインドに訪れても、部外者がカーストを見ることは難しいだろう。たとえば、かつて不可触民はヒンドゥー寺院への立ち入りが禁じられ、共同の井戸も使わせてもらえず、衣服や装飾品にも多くの制限を課すといったあからさまな差別慣習があった。

だが、現在のインドでダリトへの暴力や差別的表現はインド憲法をはじめとする法律が明確に禁じ、処罰の対象としている。農村部では旧態依然とした差別的慣習がいまだに残っている地域もあるが、デリーのような大都市でそのような場面に出くわすことはめったにない。

また、ダリトのカーストの名称のいくつかは、公の場での使用がタブーとされている。たとえば、清掃カーストを指す「バンギー」の集団名称も差別用語として使われない。しかし、このことはカーストが存在しないことを意味しない。人類学者の田辺明生は著書『カーストと平等性』のなかで、公の場でのカースト問題の回避について次のように指摘している。

現代のインド社会においてカースト差別を否定することはカーストの存在そのものを否定することではない。その結果、人びとの配慮はカーストにまつわる問題が表面化しないように気を付けることに向かう。

たとえば、村の学校で宴会を行う場合、食べるのを拒否する人が出ないように、暗黙の了解のうちにバラモン・カースト〔最上位のカースト〕の誰かが料理をする。あるいは煮炊きした料理を避けてスナックだけにするといった具合である。伝統的には、自分より下のカーストの人が料理したものは食べないからだ。とくに、学校のような近代自由主義的な言説を広めるための場所では、カーストの問題はタブーである。

ただし、カーストをタブー視して語らない雰囲気をつくる配慮こそ、人びとの内面でカーストへのこだわりや、差別／被差別意識が根強いことを表していると言えよう。

筆者は修士課程の調査で、二〇〇三年にデリーのインド人学生数名にインタビューをしたことがある。このとき、「カーストは昔のこと」「みんな忙しくて、カーストのことなんか気にしない。クラスメイトとはカーストに関係なく付き合っている」という回答を少なからず得た。当時は調査を始めたばかりで、そういうものなのかと軽く捉えていた。しかし、博士課程でカーストに関わる調査を進めていくなかで、とくにダリトの人びとと接する機会を多く持つようになってからは、昔のことであるという見方に違和感を覚え始めた。

「怪物」だ

カーストは、置かれた立場によってその見え方がまったく異なる。先述したようにガーンディーにとって、カーストは「序列のない職能的分業制度」だった。他方、ガーンディーとほぼ同時代に生き、政治社会に多大な影響を与えた政治家・社会活動家にB・R・アンベードカル（一八九一～一九五六）がいる。

彼は「マハール」という不可触民カースト出身の社会改革運動家、政治家であり、インドの憲法起草委員会の委員長を務めた。インド独立直後初のジャワーハルラール・ネルー内閣

B・R・アンベードカル（1891～1956）　社会改革運動家・政治家．マハーラーシュトラ州のダリト出身．苦学の末，ボンベイ大学，米英2つの大学院卒．不可触民制廃止運動を強力に展開．独立後，法相．憲法制定の中心に．不可触民差別の元凶はヒンドゥー教と考え，死去2ヵ月前に仏教に改宗した

の法務大臣としても活躍した。彼は不可触民自らが被抑圧的状況を自覚し、そうした状況に抵抗しなければならないと一貫して主張した。アンベードカルの反カースト、不可触民差別撤廃の思想は、カースト制の廃止、差別・抑圧からの解放を主張する現在のダリト運動に大きな影響を与えている。

カースト制廃止論者であるアンベードカルは、カーストを「怪物」と呼んだ。

どのような方向に進もうとも、カースト制度は行く手に立ちはだかる怪物となるということです。この怪物を殺さないかぎり、いかなる政治改革も経済改革も可能ではありません。

（『カーストの絶滅』）

アンベードカルは、ヒンドゥー教こそがカースト制を擁護する悪しき教えであると主張し、死の二ヵ月前の一九五六年に仏教に改宗した。その後、数十万人のダリトも仏教に集団改宗し、新仏教徒《ネオ・ブッディスト》運動の礎を築いた。

日本でも、アンベードカルの生涯や思想に関する著作が出版されているが、本書ではガーンディーと対比させるかたちで取り上げる。両者の不可触民問題、カーストに対する立場の違いを知ることで、このテーマを歴史的に広い視野で理解することが可能になると思うからだ。

カーストの意識

序章の最後に、現在のインド社会におけるカースト意識のありようを的確に表現した文章を紹介したい。ヒンディー語作家のアジャイ・ナワーリヤー（一九七二〜）によるものだ。ナワーリヤー自身はダリト出身である。ミドルクラスのダリトの葛藤など、新しいダリト像を描き、文学界、ダリト運動研究者・活動家によって高く評価されている。作品は英訳され、国内外でも広く読まれている。以下は、新聞のインタビューに答えたものだ。

この国〔インド〕でカーストがどのように機能しているかについて、短いたとえ話があります。ある裕福な公務員の家でパーティが開かれていました。主催者が子羊のロースト料理を電話で注文しました。配達された肉を会場の全員が食べて、その料理を褒《ほ》め称えました。その二〜三時間後、主催者に電話がかかってきました。それは、料理を配達した業者からの電話でした。業者は平謝りの後、主催者にこう言いました。

「注文にミスがありました。子羊ではなく、犬肉を配達してしまいました」。主催者は啞然《あぜん》としました。子羊と思って食べた肉が実は犬の肉だったことをゲストに伝えると、ゲストたちはすぐに嘔吐しました。ゲストのなかにはすでに会場を去った人もいて、主催者は連絡しました。すると、二時間後にそのメッセージを読んだゲストも吐きました。他のゲストは二日後に肉の正体を知らされましたが、同様に吐きました。

この話は、カーストに関する問題と同じなのです。あなたにどれほど高い価値があろうと、人はあなたが不可触民カーストの出身であることを知ったとたん、あなたを追い出し、拒むのです。だから私たちは留保政策〔カーストなどを基準にした優遇措置〕が必要なのです。

（*The Hindu* 紙　二〇一八年一一月四日）

インドで子羊肉はもっとも上質とされ、日常的に食べる鶏肉よりも値段が高い。結婚式などのお祝いの席でふるまう。他方、犬肉を食べる習慣はなく、またインドで犬のイメージは非常に悪い。

ナワーリヤーのたとえ話に出てくる犬はダリトを表現している。「すぐに吐き出す」という生理的現象から、インド社会でのダリトへの強い嫌悪感がうかがえよう。教育を受けて、地位の高い職にダリト出身者が就けたとしても、その出自が周囲に知られるや否や、これまでの敬意が一瞬で消え失せてしまう。同様のエピソードは、筆者のインタビュー調査でもたびたび聞く。あからさまな差別は少なくなってきたが、目に見えない、根強いカースト意識は、いまでもたしかに存在するのだ。

＊

本章では以下のように記していく。

第1章では、不可触民とされた人びとの歴史的経緯をたどる。不可触民と称された彼らの起源と集団概念の多様性を確認し、とくにイギリス植民地時代に導入された指定カーストという集団概念が公的に認められたダリトの名称として登場した背景に注目する。

第2章では、これまでのカースト制批判とダリト解放をめざす運動を整理する。そのなかでも現在まで思想的影響を大きく与え続けているガーンディーとアンベードカルのアプローチを取り上げ、両者が対立した論争を取り上げる。

第3章では、指定カーストという集団名称で括《くく》られたダリトが、独立後の福祉政策を通じ制度化されていくなかで、最下層とされる清掃カーストを事例としてダリトの内部にあるカースト間の発展格差が起きていることを描く。

第4章では、筆者が現地で感じた体験と感覚、そしてインタビュー調査に基づきながら、現代におけるカーストの実態に迫る。日常生活とどのようにつながっているのか、人びとはどのように意識しているのか、食文化や結婚をテーマに考える。

第5章では、カーストをめぐり実際に起きた事件をみていくことで、現代のインドで何が問題となっているのかを考える。カーストに関連する暴力事件や自殺はいまなお後を絶たない。またカミングアウトという当事者の声によって、問題が表明されている。

終章では、各章の論点を踏まえつつ、インド社会のこれからを展望するうえで注目すべき三つのことを指摘する。また、コラムを四点入れることによって、カースト、ダリトについて、より理解が深められればと考えている。

これから本書が明らかにするのは、ダリト出身者が直面する実際の問題である。彼ら・彼女たちは、生まれながらに定められたカーストを肯定的に転換させることはきわめて困難だ。ガーンディーは序列や差別のないカースト社会を理想としたが、現実には差別、格差の問題が根強く存在してきた。カーストはいまだに足枷《あしかせ》となっている。

本書は人びとの意識にも迫りながら、みえにくいカーストの姿とその問題群を明らかにすることも試みる。

第1章　不可触民とされた人びと——被差別集団の軌跡

一九五〇年に施行されたインド憲法は、不可触民への差別および慣行を「不可触民制」(Untouchability)と呼び、その廃止と禁止を明記している。

インド憲法　第一七条（不可触民制の廃止）
「不可触民制」は廃止され、いかなる形式におけるその慣行も禁止される。「不可触民制」より生ずる無資格を強制することは、法律により処罰される犯罪である。

不可触民制は、広義のカースト制に含まれるものであり、両者は構造的に分かちがたく結びついている。

身分制としてのカースト制は消滅したかにみえる今日のインド社会でも、ダリトへの差別はさまざまなかたちをとりながら存在する。差別の程度や行為の内容は、地域によって異なるものの、ダリトが歴史的、社会的、経済的、政治的に剝奪《はくだつ》されてきた被差別集団であることは共通した認識である。

ダリトは経済的弱者層という点では、下位カーストであるシュードラに属するとされるカーストと類似した状況に置かれている。だが、「蔑視され、スティグマを負った、不浄のコミュニティ」とみなされてきた点で、下位カーストとは社会的位置づけが異なる。

不可触民とされる人びとは、いかにして生まれたのか。身分制としてのカーストはどのように発達してきたのか。この章では、序章で述べたカーストの歴史を念頭に置きながら、不可触民の歴史と地域性について記していく。

1　不可触民の形成――古代、中国僧たちの観察

古代の賤民集団――紀元前一〇〇〇年～前六〇〇年

ここでは歴史学者の小谷汪之《こたにひろゆき》と山崎元一《やまざきげんいち》のカースト制研究を参考にしながら、不可触民という身分概念の形成をみていこう。

紀元前六世紀以前の古代インド社会には、さまざまな名称で呼ばれる賤民《せんみん》諸集団が存在した。紀元前六～四世紀のバラモン文献や仏典には、「ニシャーダ」「パウルカサ」などの名称

で知られる多様な賤民集団が記されている。その代表的なものは、漢訳仏典で「旃陀羅《せんだら》」と音写される「チャンダーラ」だ。

ブッダの過去世物語である仏典『ジャータカ』にチャンダーラは頻出する。チャンダーラは「もっとも下劣なもの」、「すべてのカースト〔ジャーティ〕から除外された者」、「穢《けが》れた」存在とみなされ、チャンダーラとして生まれた前生のブッダが受けた差別の話について仏典は記している。

古代のヒンドゥー法典によると、チャンダーラは下位のヴァルナであるシュードラ男と上位のヴァルナであるバラモン女とのあいだに生まれた混血族に由来する。ただし、ヒンドゥー法典によって言い伝えられるチャンダーラの由来は、支配階層であるバラモンの理念や考え方を反映したものにすぎず、史実とは言いがたい。

チャンダーラが従事する仕事は、上位のヴァルナに属するバラモン、クシャトリヤ、ヴァイシャが不浄として忌み嫌う死刑執行、動物の屍体処理、清掃や土木作業などだった。ちなみに、バラモン、クシャトリヤ、ヴァイシャは、宗教的な入門式を経て生まれ変わることで、アーリヤ社会の一員としてヴェーダの祭式に参加する資格が与えられるため「再生族」と呼ばれる。

すでに後期ヴェーダ時代（紀元前一〇〇〇年～前六〇〇年頃）の末期には、チャンダーラをはじめ多様な賤民諸集団が存在したことは、文献研究によって確認されている。この時代は、牧畜生活を営んでいたアーリヤ系民族が北方からガンジス川上流域に進出して、農耕社会を成立させた時代と重なる。

古代インド史を専門とする山崎元一は、不可触民制の成立と農耕社会の完成とのあいだの密接な関係を指摘する。賤民集団の名称の多くは、先住民の部族名に由来すると考えられているからだ。

部族民たちは、アーリヤ人の農耕社会周辺の森林地帯で狩猟採集生活をしていた。獲物の肉や毛皮、採集した植物などを町に売りに行くことで、次第に農耕社会との交渉を持つようになった。その過程で一部の部族民は農耕社会の最底辺に組み込まれて、動物の屍体処理や皮剝ぎ、清掃を担うようになった。このような人びとが賤民集団を形成したと考えられている。

これらは不可触民の形成前史である。賤民集団は複数から成り、各集団間には上下の序列が存在していた。賤視の度合いも、集団ごとに異なっていたと考えられている。

なお、古代インドでは、不可触民に当たる賤民諸集団の総称はない。紀元前後の編纂と推定された古代インドの法典として名高い『マヌ法典』でも、シュードラの下に置かれる賤民諸集団を「第五のヴァルナ」として捉える考え方はなかったという。

シュードラの〝上昇〟——紀元後三〇〇〜一一〇〇年

他方、後期ヴェーダ時代に形成された四ヴァルナ身分制は徐々に変容していく。インド最古の聖典『リグ・ヴェーダ』によって理念化された四ヴァルナ身分制は、バラモン（祭官階層）、クシャトリヤ（王侯、武人階層）、ヴァイシャ（平民階層）、シュードラ（上位三ヴァルナに奉仕する隷属民階層）の順に構成されていた。

しかし、七世紀までに再生族（バラモン、クシャトリヤ、ヴァイシャ）に奉仕する「一生《いっせい》族《ぞく》」（入門式を受けることが許されずアーリヤ社会の一員とみなされない）である隷属民のシュードラへの見方が変わってくる。それはシュードラが主に農業、牧畜、手工業に従事する一般民を指すようになったからだ。

ヴァイシャが平民階層となるなか、地域によってはヴァイシャとシュードラの区別が曖昧となっていく。とくに、バラモン文化の中心地であるガンジス川上流域から遠く離れた東インドやデカン地域では、両ヴァルナの区別は不明瞭となった。

下位のヴァルナ（ヴァイシャとシュードラ）と職業との関係に変化が起きた結果、シュードラ差別は名ばかりのものとなる。この変化は、紀元後三〜五世紀頃に成立した後期ヒンドゥー法典『ヤージュニャヴァルキヤ法典』や『ヴィシュヌ法典』でも記されている。たとえば、

『ヤージュニャヴァルキヤ法典』では、シュードラの商業活動について次のように記している。

シュードラの〈義務〉は、再生族〔バラモン、クシャトリヤ、ヴァイシャ〕への奉仕である。それによって生活できないときは、商人になることができる。あるいは再生族の利益のために努めつつ、諸種の工芸で生計を立てることもできる。（山崎元一訳）

その後の文献でも、ヴァイシャの職業へのシュードラの侵出が記されている。七世紀までに、商人をヴァイシャ、農民をシュードラとする見方が一般化し、それ以降の時代に引き継がれていったと考えられている。シュードラ階層の拡大にともない、バラモンは従来のシュードラ観の変更を余儀なくされ、シュードラ排除・差別の原則が緩和されたのだ。

こうして、六〜七世紀以後の中世インドでは、シュードラを取り込んだ四ヴァルナを構成員とする「カースト＝ヒンドゥー社会」が進んでいく。その一方で、四ヴァルナの外に位置づけられた不可触民の数が増大し、古代のシュードラへの差別慣習が不可触民差別のなかに吸収されるかたちで、不可触民制が発達していくことになる。

不可触民の成立、旅行者たちの目

サンスクリット語で、触れてはならないものを意味する「アスプリシュヤ」＝「不可触民」という語が歴史資料で初めて見られるのは、紀元後一〇〇～三〇〇年頃に成立した『ヴィシュヌ法典』である。そして四～七世紀のあいだには、不可触民という身分概念、つまりは不可触民制が成立したと考えられている。

四ヴァルナ身分制と不可触民という差別の枠組みは、ガンジス川流域からインド亜大陸の各地に徐々に広がっていった。

不可触民の存在と不可触民制の慣行は、インドを訪れる外国人の大きな関心事だった。それは彼らが残した旅行記で確認することができる。

五世紀初めにインドを旅した中国僧・法顕《ほっけん》は、『高僧法顕伝』で次のように記している。

> 国の人民は、ことごとく生き物を殺さず、酒を飲まず、葱《ねぎ》や蒜《ひる》を食べない。ただチャンダーラだけは例外である。チャンダーラは悪人と名づけられ、一般の人とは離れたところで暮らしている。彼らが城市に入るときは、自分で木を撃〔ママ〕って異常を知らせる。住民はただちにそれを知り、チャンダーラを避けるので、互いに突き当たることがない。
>
> （山崎元一訳）

五世紀初めには、チャンダーラ、つまり不可触民との接触の忌避、食習慣の区別、居住空間の隔離などの慣行があった。

七世紀前半にインドを旅した中国の唐僧玄奘《げんじょう》のインド・中央アジア旅行見聞録『大唐西域記』（六四六年）では、次のような記述がある。

町や村の周囲には壁が広く高く回らされており、大小の道路が曲りくねって通じている。道の正面には市門がそびえ、街路の両側には料理屋が立ち並んでいる。屠殺人、漁夫、役者、刑吏、除糞業者の住家は、町や村の外にあり、各家には標識がつけられている。また彼らが町や村を往来するときには、道路の左端を通らせる。（山崎元一訳）

五世紀初めの法顕の時代と同様に、不可触民制の慣行、つまり接触の忌避、居住空間の隔離がみられるほか、不可触民の職種もうかがえる。

さらに『大唐西域記』では、四ヴァルナ身分制の変化も認められる。ヴァイシャは商人、シュードラは農民とみなされている。

複雑に発達していく役割

時代が下り、一一世紀初めに中央アジアのホラズム出身であるビールーニーが著した『インド誌』では、不可触民制の発達を知る重要な二点が示されている。

第一に、村内に居住区を与えられていた職業集団のうちのいくつかが不可触視され、村の外に住居を移している。第二に、不可触民とされる集団の内部にも、不浄性の度合いによって上下の序列が存在していることだ。

また、シュードラの父とバラモンの母のあいだに生まれた子を不可触民とみなす考え方が、次の記述から当時一般的だったこともうかがえる。

> シュードラの下にはアンティヤジャと呼ばれる人びとがいる。彼らは諸種のサービスを提供し、いずれのカースト（ヴァルナ）にも属さず、特別な手工業ないし職業のメンバーであるにすぎない。アンティヤジャには八つの階級があり、縮絨《しゅくじゅう》工、靴作り、織布工を除いて、他は自由に相互婚を通じている。というのは、他の者は皆彼らと交際するという賤《いや》しい行為を嫌うからである。八つのギルドとは、縮絨工、靴《〔ママ〕》造り、曲芸師、籠《かご》・楯《たて》造り、船乗り、漁夫、鳥獣の猟師、織布工である。四つのカースト（ヴァルナ）の者たちは、アンティヤジャと同じ場所に住もうとしない。これら（アンティヤジャ）

のギルドは、四カーストの住む村や町の外隣に住んでいる。ハーディー、ドーマ、チャンダーラ、バダタウと呼ばれる人びとは、いかなるカースト（ヴァルナ）にもギルドにも属さない。彼らは村の清掃や、その他の汚れた仕事に従事している。彼らは全体で一つの階級とみられており、職業の違いによって区別されるのみである。実際、彼らは違法の子のようにみられている。すなわちインド人は一般に、彼らをシュードラの父とバラモンの母の姦淫《かんいん》によって生まれた子であるとみている。それゆえ彼らは卑《いや》しいアウト＝カーストなのである。（山崎元一訳／傍点は原文ママ）

古代から近代にかけて、不可触民制は複雑に発達した。たとえば、不可触民とみなされるカースト数と不可触民の人口の増加、村の周縁部での分散定住、農業労働への参加である。このような変化はどのように起きたのかについては、いまだに解明されていない。ただ、ヒンドゥー法典やビールーニーの歴史資料から、一一〜一二世紀にはこうした変化が進行中であったことが推測される。

なお、山崎元一はこの歴史的変化について、古代から中世の不可触民制への転換だとし、具体的にはチャンダーラ差別中心だったものが、村落に分散定住した不可触民への差別に変わったと捉えている。

最下層としての不可触民の存在は、村落社会内部に秩序をつくり、一定の安定をもたらした。同時に不可触民は、差別の対象ではあったが、村落社会にとって不可欠な役割、つまり村境の管理、死者の訃報の伝達、葬式の楽隊、動物の屍体処理、清掃などを生業として世襲的に担う集団となっていく。

世界の被差別民との共通性

一般に、インド固有の現象として語られる不可触民差別だが、世界に目を向けると、他の被差別民との共通性もみえてくる。

文化人類学者の関根康正は、不可触民制がインドで一〇世紀頃に成立した時期に、世界各地で被差別民の形成がみられた共時性を指摘し、その連動を考える必要性を主張する。

関根によれば、世界各地の社会的差別に共通するのは、中世社会に差別的慣習が体系化し始め、近代に固定していったことをあげる。さらに、差別者に当初あった被差別者への畏怖《いふ》の観念、インドではケガレの観念が、近代化につれて減退したこと、地域レベルの局所的差別から、全域的差別へ変化したとする。それらはもちろんインドにも当てはまるという。

主流社会から差別されつつも、世襲的に職務を担い、さらに畏怖の対象となることにより、差別する社会から排除されながらも、包摂された不可触民の存在の両義性は、近現代になると、ほとんど失われていった。その結果、被差別という状況だけが残されていく。

2 植民地政府の「認知」——制度化する近代

社会的身分から政治的身分へ

一九世紀半ばからインドは、イギリス国王がインド皇帝を兼ねるインド帝国として、直接統治するようになった。そのなかで不可触民をめぐる状況は、イギリス植民地支配によって大きく変わる。その動きは二つに集約できる。

一つは、不可触民という社会的身分が植民地政策によって政治的に位置づけられたこと、もう一つは、不可触民も権益を獲得するために集団としてそうした状況を受け入れ、むしろ積極的に関与したことである。

とくに一九三〇年代からイギリス植民地行政が不可触民に導入した「指定カースト」(Scheduled Castes, SCs)の概念は重要だ。指定カーストは、不可触民に優遇措置を講じるため不可触民という集団を公的に認知したものだ。これによって公が認定した「公定カースト」として位置づけられ、独立後もその措置が踏襲される。このことは、独立後のインド憲法の「特定階層に対する特別規定」でも明記される。

独立後のインド憲法第三四一条は、大統領令によって、各州もしくは連邦直轄地ごとに、不可触民差別を被ってきた歴史的経緯に基づき、不可触民のさまざまなカーストを指定カーストと認定する旨を規定している。

重要なことは、認定が政治的に決定されることだ。三四一条の（二）では、国会が法律によって指定カーストの集団を追加または削除することを認めている。後述するが、集団の認定基準は政治的判断によるところが大きく、変更をめぐってたびたび論争が起きている。

指定カーストの認定を受けた集団のメリットは大きい。国会下院および州下院の議席や公職の留保、教育・経済面での優遇措置が国家によって講じられるからだ。指定カースト枠は、人口比に応じた留保枠として全国平均で約一五％設定されている。

憲法でこうした特別な措置を明記したことは、インドの大きな特徴である。インドが差別と不平等から守るために積極的差別是正措置（アファーマティブ・アクション）と留保措置を憲法で規定しているのに対して、他国ではこのような措置は憲法ではなく、立法によるケースが多いからだ。

インド憲法が対象とした特定の集団は、以下のように分けられる。

①言語的・宗教的マイノリティとしてのアングロ・インディアン（ヨーロッパ人との混

血者）

②指定カースト

③指定部族（Scheduled Tribes, STs）

④その他の後進諸階級（Other Backward Classes, OBCs）

カースト名	人　口	識字率（%）
Kabirpanthi	5, 312	82. 2
Kachhandha	579	78. 9
Kanjar or Giarah	10, 120	65. 6
Khatik	198, 124	80. 6
Koli	198, 594	78. 8
Lalbegi	167	81. 5
Madari	134	81. 8
Mallah	92, 012	74. 7
Mazhabi	2, 829	87. 3
Meghwal	5, 687	77. 2
Naribut	2, 839	16. 5
Nat (Rana), Badi	5, 916	47. 3
Pasi	59, 400	71. 2
Perna	1, 758	56. 8
Sansi or Bhedkut	23, 890	71. 4
Sapera	2, 111	47. 2
Sikligar	17, 307	63. 8
Singiwala or Kalbelia	990	36. 6
Sirkiband	7, 073	73. 0

Handbook on Social Welfare Statistics.

指定部族とは、山地など隔絶された地域に居住し、固有の文化を持ち、社会経済的に後進とされるコミュニティの総称である。その他の後進諸階級とは、②③以外で教育や雇用などで国家が優遇措置を講じる社会的・教育的に遅れた階層である。

指定カーストと指定部族に特別措置を講じる根拠は、歴史的な被差別状況と発展の遅れを回復するための補償である。その見方は広く受け入

1-1　デリーにおける指定カースト人口と識字率，2011年

カースト名	人　口	識字率（%）
Adi-Dharmi	6,201	90.1
Agria	2,771	78.3
Aheria	18,909	67.8
Balai	98,264	81.5
Banjara	18,739	73.9
Bawaria	8,164	66.6
Bazigar	243	75.1
Bhangi	11,665	71.1
Bhil	1,773	66.8
Chamar, Chanwar Chamar, Jatya or Jatav Chamar, Mochi, Ramdasia, Ravidasi, Raidasi, Rehgarh or Raigar	1,075,569	81.3
Chohra (Sweeper)	1,638	75.9
Chuhra (Balmiki)	577,281	77.5
Dhanak or Dhanuk	76,115	77.7
Dhobi	177,675	77.4
Dom	3,955	71.7
Gharrami	674	67.8
Julaha (Weaver)	66,186	84.7

出典：Government of India, Ministry of Social Justice and Empowerment, 2021,

れられてきた。他方、その他の後進諸階級については、歴史的差別を根拠として補償するという説明に、妥当ではないという主張も多く、集団の定義や基準、優遇する内容をめぐって激しい論争がいまなお続いている。

独立から七〇年以上が経過し、各集団の社会経済状況は一様ではなくなった。さらに認定の対象や特別措置が変更・拡大される。このため特別措置は頻繁に政治問題化する。それはとくに選挙前に多く、差別への補償について国民のコンセンサスが揺らいでいることも事実だ。議席の留保措置は、当初憲法の施行時点で

一〇年間の時限付きだったが、たび重なる憲法改正によって今日まで続いている。

憲法で規定された指定カースト集団は、各州・連邦直轄地でリスト化され、公表されている。たとえば、デリー連邦首都直轄地のリストには、三六のカースト集団が示されている(前頁1-1)。

認定された指定カースト集団に属していることを証明するためには、居住地域の役所で申請手続きが必要となる。承認後、「カースト証明書」(Caste Certificate)が発行される(第4章一八二頁参照)。指定カースト出身者を対象としたさまざまな政府の支援を受ける際に、証明書を提出しなければならない。学校で奨学金に応募する、大学へ進学する、公務員の採用試験など人生の重要な場面で求められる。

先述したように指定カースト概念は、インド憲法の制定と福祉政策の実施に組み入れられることで制度化された。では、不可触民はどのように指定カースト概念に収斂《しゅうれん》されていったのだろうか。

分割統治の余波——宗教別、カースト別

イギリスの植民地支配が本格化する一九世紀末以降、インド亜大陸の住民を宗教、カースト、あるいは少数民族などによって分類する作業、つまり国勢調査、地誌、民族誌の作成が

大規模な植民地事業として行われた。

イギリスのインド支配は「分割統治」で知られる。ヒンドゥー教徒とイスラーム教徒の対立を利用し、個別対応することによって独立運動を妨害しようとするものだ。

イギリスはまず対立したムガル王朝のイスラーム勢力を退けるために、住民を宗教別にヒンドゥー教徒とイスラーム教徒に二分する。さらに、ヒンドゥー教徒については、職能集団を特徴とするカーストごとに分けて統治を試みる。そのときにカースト的慣習がみられない人びとについては、「トライブ」（部族）としてカースト外の別集団に分類した。

イギリスは各集団を法的にカテゴライズし、その一部に優遇措置をとるようにもなった。一九〇九年のモーリー・ミントー改革はその代表例である。これはイギリスのインド大臣モーリーとインド総督ミントーによる政治改革で、インド人の限定的な政治参加を認める内容だった。この改革でとくに注目されたのは、別個な政治的利害を持つ集団としてイスラーム教徒に分離選挙制度を導入したことである。

分離選挙制度は、のちに宗教以外のカーストやトライブにも拡大していくが、ここでは宗教別代表制を意味する。その内容は、以下二つの原則に立って特別の選挙区を設置したものだった。一つはイスラーム教徒の議員を選ぶ選挙権はイスラーム教徒のみが持つ、もう一つはヒンドゥー教徒に比して少数であるイスラーム教徒の保護のために議員定数はその人口比よりやや多くするというものだった。

インドがイギリス植民地から独立するに際し、インドとパキスタンに分離したように、この制度はインド人の宗派対立の原因と批判された。だが、イギリス政府にとっては、少数派コミュニティの利害や要求を承認していくことは、インドにおけるイギリス政府の基本方針の一つだった。それはイスラーム教徒を味方に付け、過激派を孤立させることが目的でもあった。

一九〇九年のモーリー・ミントー改革をきっかけに、イスラーム教徒のみならず、さまざまなマイノリティによる代表制の要求が活発化したが、それは不可触民も例外ではなかった。ただし、不可触民をヒンドゥー教徒とは異なる社会構成集団として認知すべきか否か、さらに、認知する場合、どの集団を不可触民とするかなど、定義や判定の設定をめぐっても激しい意見の対立があった。

不可触民をめぐるさまざまな概念

一九三一年から三三年にかけて、不可触民について、「被抑圧者階級」(Depressed Classes)、「後進階級」、「ハリジャン」(Harijan/神の子)、「指定カースト」などさまざまな用語が競い合って登場した。各概念は、不可触民をどのように位置づけるのか、主要な論点が集約されている。ここでは、藤井毅と押川文子の研究に依拠しながら、不可触民を表す代表的な三つの集団概念、①被抑圧者階級、②後進階級、③ハリジャンについてみていこう。

被抑圧者階級を主張する人びとは、不可触性の基本的要因を「可触民」による抑圧と捉える立場だ。二〇世紀初頭に運動団体と植民地行政で不可触民を指す用語としてこれは定着した。

しかし、その包摂範囲をどのように設定するのか、教育的・経済的弱者層を含むのか、不可触性の基準を「接触による穢れの発生」という伝統的なヒンドゥー教の概念で捉えるのか、実際の扱われ方で捉えるのかなど、地域差も甚だしく、なかなか統一できなかった。

イギリス植民地政府は、一九一九年の「インド統治法」の審議過程で、可触民だがバラモンではないヒンドゥー教徒、つまり中間・下位カーストと先住民を被抑圧者階級から除くと示唆している。

とくに被抑圧者階級を不可触民に限定するように強く主張したのは、不可触民出身のアンベードカルら不可触民解放運動の指導者だった。彼らは、不可触民はその生まれによって、抑圧者による被抑圧者の支配構造に組み込まれるため、問題は不可触民が政治権力を獲得しない限り解決できないと主張した。それゆえに、不可触民は他のマイノリティとは本質的に異なる独特な集団であり、政府による特別な保護が必要であると強調していた。

後進階級の主張は、カースト間の格差は教育がもっとも大きな原因と考えた人たちによる。彼らは、カースト間の不平等の問題は、社会・経済・教育的進出の遅れによるとした。つまり、生まれによって決定される被抑圧者階級の立場と本質的に異なり、不可触民を後進階級の一部と位置づけ、教育や経済的地位の向上によって不可触民制の問題は解消されるとした。

こうした被抑圧者階級と後進階級の議論のさなかに登場したのが、不可触民の新しい総称としてガーンディーが提唱したハリジャンだ。

ガーンディーは、不可触民制の問題を個人の内面の問題として捉え、「可触民」側の改心によって解決されなければならないと説いた。不可触民をヒンドゥー教徒の一員として受け入れなければならないとする彼の主張は、不可触民固有の被差別の問題を認めながらも、制度上それを別個に扱うことを拒否していた。そのため不可触民を別個の集団として扱うべきだとする被抑圧者階級概念の主張と真っ向から対立する。

「ハリジャン運動」と呼ばれる晩年のガーンディーの運動は、可触民のモラルを問うという重要な側面を持ちながら、政治的にみると不可触民に固有の政治的権利を認めないものだった。ハリジャンは、ガーンディー主義者たちの活動によって、独立後もインド社会に大きな影響力を及ぼし続けることになる。

指定カーストの登場と制度化

不可触民にまつわる三つの名称と概念について述べてきたが、これらは不可触民制の問題を誰が、どのように位置づけ、解決させるのかについて、それぞれの立場の違いと強く結びついていた。この議論は、国民統合に向けてもう一つの大きな課題だった宗教集団の政治的権利の保障問題と絡み合いながら、一九三五年の「インド統治法」制定の最大の焦点となる。

アンベードカルをはじめとする被抑圧者階級の指導者たちは全インドを統率する運動を試みたのに対して、後進階級を代弁する指導者は州レベルでしか現れなかった、激しい議論が交わされたのは被抑圧者階級とハリジャンをめぐってだった。それぞれの指導者だったアンベードカルとガーンディーの論争は有名だが、これについては第2章で詳述する。

一九三二年にイギリス植民地政府が、ガーンディーの反対を無視し、宗派・社会集団別代表権裁定、いわゆる「コミュナル裁定」を提示したとき、当時、投獄中のガーンディーは「死に至る断食」を始めた。結局、ガーンディーとアンベードカルは妥協に至り、一九三二年九月二四日の「プーナ協定」で以下のような決着をみる。

まず、不可触民の分離選挙制度、具体的にはある地域における特定の選挙区について、選挙権と被選挙権が不可触民によってのみ形成される選挙制度の導入は認められなかった。しかし、代わりに、政治参加の保障を目的とした合同選挙制が認められる。これは具体的には特定の選挙区について、被選挙権を不可触民のみに与える立候補者の留保枠を設けて、選挙権はその選挙区内のすべての有権者が持つという制度である。このように、選挙制度や行政で被抑圧者階級の主張が部分的に取り入れられることになった。

さらに、インド政庁はその集団の特定に際して中立を装うために、一九三五年のインド統治法により新たな行政用語として指定カーストを登場させる。指定カーストの定義は、被抑圧者階級の代替語という曖昧なもので、最後まで厳密な定義が避けられた。なおかつ、最終的な集団認定の決定権は行政に委ねられることになり、指定カーストは多分に政治的な用語となっていく。

一九三六年にインド全域でイギリス植民地政府によって指定カーストのリストが制定され、翌三七年にはそれに基づいて議員を選出する地方選挙が実施された。この指定カースト概念は、独立後もインド憲法と政策によって踏襲されたことは先に述べた。こうして指定カーストの不可触民は「公定カースト」としてカテゴライズされたのである。

3　指定カーストへ——政治が決める「身分」

これまで述べてきたように、指定カーストとはイギリス植民地時代の政策に遡る不可触民の集団概念である。

筆者がここまでの話を大学の講義でするると、時々混乱した反応が学生から返ってくる。それは、「ダリトは、ひとまとまりの集団なのか」という問いである。答えは否だ。指定カーストとして括られるダリトたちはきわめて多様で、地域性もある。1-1（四〇、四一頁）で示した各集団の識字率にばらつきがあることからも明らかだ。実際、行政が指定カーストと認定したカースト集団は、各州・連邦直轄地で異なる。

先述したように、行政の決定に委ねられる指定カーストは、その性質上、実際のダリトと同一視することはできない。だが、ダリトを把握するうえで人口や識字率などを組み合わせることによって概要を把握する手がかりにはなり得る。ここでは、指定カーストの地域的多様性を二〇一一年国勢調査の結果から確認する。

1-2は、指定カーストの地域的特徴をみるために、インド全州および連邦直轄地の指定カースト人口、各地域での割合、認定されている指定カーストの数と識字率を示したものである（二〇一一年の国勢調査）。二〇一一年の調査時点で、指定カーストの人口は約二億人を数え、この時期のインドの全人口約一二億一〇五七万人の一六・六％を占める。

地域をみると、たとえば北西部のパンジャーブ州の指定カースト人口比は、最大の三一・

指定カースト		指定カースト数 *1	識字率（%）	
人口	人口比（%）		全体	指定カースト
201, 378, 086	16. 6	—	73. 0	66. 1
924, 991	7. 4	13	68. 7	70. 2
1, 729, 252	25. 2	57（+1）	83. 8	78. 9
8, 860, 179	31. 9	39（+2）	76. 7	64. 8
199, 086	18. 9	36	86. 4	76. 5
1, 892, 516	18. 8	65	79. 6	74. 4
5, 113, 615	20. 2	37	76. 6	66. 9
2, 812, 309	16. 8	36	86. 3	78. 9
12, 221, 593	17. 8	59	67. 1	59. 7
41, 357, 608	20. 7	66	69. 7	60. 9
16, 567, 325	15. 9	23	63. 8	48. 6
28275	4. 6	4	82. 2	77. 5
0	—	0（−16）	67. 0	—
0	—	0	80. 1	—
97, 042	3. 8	7	79. 9	76. 2
1, 218	0. 1	16	91. 6	92. 4
654, 918	17. 8	34（+2）	87. 8	89. 4
17, 355	0. 6	16	75. 5	68. 6
2, 231, 321	7. 2	16	73. 2	77. 0
21, 463, 270	23. 5	60（+1）	77. 1	69. 4
3, 985, 644	12. 1	22	67. 6	55. 9
7, 188, 463	17. 1	95（+2）	73. 5	69. 0
3, 274, 269	12. 8	44（+1）	71. 0	70. 8
11, 342, 320	15. 6	48（+1）	70. 6	66. 2
4, 074, 447	6. 7	36（+6）	79. 3	79. 2
6, 124	2. 5	5	87. 1	92. 6
6, 186	1. 8	4	77. 7	89. 4
13, 275, 898	11. 8	59	82. 9	79. 7
13, 878, 078	16. 4	61（+2）	67. 7	62. 3
NA	NA	59	NA	NA
10, 474, 992	17. 1	101	75. 6	65. 3
25, 449	1. 7	5	87. 4	83. 7
0	—	0	92. 3	—
3, 039, 573	9. 1	69（+1）	93. 9	88. 7
14, 438, 445	20. 0	76	80. 3	73. 3
196, 325	15. 7	16（+1）	86. 6	77. 9
0	—	0	86. 3	—

Government of India, *Handbook on Social Welfare Statistics*, 2021. を参

1-2　全インド・指定カースト人口比と識字率，2011年

州・連邦直轄地	全人口
インド全体	1, 210, 569, 573
ジャンムー・カシュミール	12, 541, 302
ヒマーチャル・プラデーシュ	6, 864, 602
パンジャーブ	27, 743, 338
チャンディーガル	1, 055, 450
ウッタラーカンド（ウッタラーンチャル）	10, 086, 292
ハリヤーナー	25, 351, 462
デリー	16, 787, 941
ラージャスターン	68, 548, 437
ウッタル・プラデーシュ	199, 812, 341
ビハール	104, 099, 452
シッキム	610, 577
アルナーチャル・プラデーシュ	1, 383, 727
ナガランド	1, 978, 502
マニプル	2, 570, 390
ミゾラム	1, 097, 206
トリプラ	3, 673, 917
メガラヤ	2, 966, 889
アッサム	31, 205, 576
西ベンガル	91, 276, 115
ジャールカンド	32, 988, 134
オディシャー（オリッサ）	41, 974, 218
チャッティースガル	25, 545, 198
マディヤ・プラデーシュ	72, 626, 809
グジャラート	60, 439, 692
ダマン・ディーウ	243, 247
ダードラー・ナガル・ハヴェーリー	343, 709
マハーラーシュトラ	112, 374, 333
アーンドラ・プラデーシュ	84, 580, 777
テランガーナ	NA
カルナータカ	61, 095, 297
ゴア	1, 458, 545
ラクシャドウィープ	64, 473
ケーララ	33, 406, 061
タミル・ナードゥ	72, 147, 030
プドゥチェーリ（ポンディチェリ）	1, 247, 953
アンダマン・ニコバル諸島	380, 581

註記：＊1「指定カースト数」の（　）内は2001年から11年までの増減数
出典：Government of India, *Census of India*, 2011. テランガーナ州については
照

九％なのに対して、北東部のミゾラム州は〇・一％、メガラヤ州は〇・六％とごくわずかだ。両州を含む北東部の多くの州は、指定カーストと同様に、政府による保護的措置が必要とされ認定される別個の集団である指定部族が多く存在するのが特徴だ。指定部族の州内人口比率は、ミゾラム州で九四・四％、メガラヤ州で八六・二％と高率を占める。

各州・連邦直轄地の指定カースト数についても、大きな地域差がある。南部のカルナータカ州は一〇一集団、東部のオディシャー州は九五集団と多数だが、北東部のナガランド州やアンダマン・ニコバル諸島などのように、指定カーストが存在しない地域もある。

こうした認定数の差異は、二〇世紀前半以降の指定カースト認定をめぐる各ダリト集団のローカルな政治力が反映されていると考えられる。二〇〇一年と一一年の国勢調査の結果を比較した場合、指定カーストの数が異なるのも、その時期の政治力との関係による。

1-2の項目「指定カースト数」は、二〇〇一年の国勢調査の結果と比較した増減も示している。二〇〇一～一一年のあいだで、指定カーストの数が増えた地域は一一に及び、全体的に増加傾向にある。政府による指定カーストの保護措置を得るために、積極的に政府に働きかけて指定カーストの認定を求める動きが目立つ。

このように、行政の決定に委ねられる指定カーストの位置づけは永続的ではなく流動的である。

識字率は上昇したが

次に、ダリトと全人口の発展格差を示す指標として、識字率に着目したい。１－３は一九六一～二〇一一年の五〇年間を通して、社会集団（全人口と指定カースト）の性別ごとに識字率の推移を比較したものである。

指定カースト全体の識字率については、全人口とのギャップは依然として存在する。だが、一九六一年時点の一〇・三％を起点に、一四・七％、二一・四％、三七・四％、五四・七％、六六・一％と漸増している。教室に入ることさえ慣習として許されず、教育の機会を奪われてきたダリトの歴史を踏まえれば、学校に通うことを当然の権利と考える意識は確実に根付いてきたと言える。とくに都市部ではそのような意識が浸透していると言えるだろう。

筆者が首都デリーで行う世帯調査では、家族全員の教育レベルを尋ねてきた。親子三世代で同居しているパターンも多く、世代間での意識変化が認められる。

孫やその親の世代は、八年間の義務教育を受けているか、あるいはそれ以上の教育レベルを受けていることが多い。それに対して、祖父母の世代は学校に通ったことのない、あるいは通えなかった人びとが目立った。筆者が教育レベルを尋ねると、子どもや孫たちの視線を気にしながら、恥ずかしそうに笑って、短く「アンパル」（ヒンディー語で「学んでいない」の意味）と答えてくれたのが印象的である。

独立以降の識字率の増加傾向は、全人口にも当てはまる。このことから、基礎教育政策の効果が出ていると評価することはできる。

インドでは一九八〇年代から国家による基礎教育普及への取り組みが本格化した。一九八六年には国家の教育方針が改定され、「すべての子どもに教育を」を新しい標語に掲げ、識字教育やNGOなどの非政府部門との連携を図りながら初等教育の充実を強化した。この背景には、子どもの学ぶ権利を人権として、その取り組みを各国に求める国際機関の世界的な動きも大きく影響している。ユネスコの万人のための教育（一九九〇年）や国連のミレニアム開発目標（二〇〇〇年）といった国際的な動きに後押しされ、インドの初等教育の遅れを看過できない状況が生まれていたのだ。

さらに二〇〇〇年代に入ると、教育改革が、政府や教育関係者だけでなく、経済界や市民社会も巻き込んで議論されるようになっている。二〇〇二年には、憲法改正により、これまで努力義務だった「無償義務教育」は政府の責務として憲法上に明記された。二〇〇九年には「無償義務教育に関する子どもの権利法」（RTE法）が成立し、独立後六〇年を経てようやく基礎教育（一学年〜八学年）の義務化が明文化された。

1-3　インド全人口と指定カーストの識字率，1961～2011年（%）

年	全人口			指定カースト		
	全体	男	女	全体	男	女
1961	28.3	40.4	15.4	10.3	16.9	3.3
71	34.5	46.0	22.0	14.7	22.4	6.4
81	43.6	56.4	29.8	21.4	31.1	11.0
91	52.2	64.1	39.3	37.4	50.0	24.1
2001	64.8	75.3	53.7	54.7	66.6	41.9
11	73.0	80.0	64.6	66.1	75.2	56.5

出典：https://socialjustice.gov.in/writereaddata/UploadFile/HANDBOOKSocialWelfareStatistice2018.pdf
（2023年10月６日アクセス）より筆者作成

規定のなかには私立学校も含まれ、入学定員の少なくとも二五%を無償教育枠として、社会経済的弱者層に割り当てることを義務付けた。富裕層の子どもたちが多く通う名門私立校も対象となり、同法の実施が教育環境と地域社会に新たな影響を与えている（押川二〇一三・茶谷二〇二〇）。

しかし、世界各国の発展の度合いと比較すると、インドの変化は相対的に鈍い。二〇二二年に発表された国連開発計画（UNDP）の人間開発指数では、インドは一三二位と、前回から一つランクを下げた。なお、日本は一九位、中国は七九位だ。

より深刻なのは、男女の教育格差が顕著なことだ。1-3でみると、指定カーストは、男性七五・二%、女性五六・五%と男女間で二〇ポイント近い開きがあり、全人口も同様の傾向で男性八〇%、女性六四・六%と一五ポイントの差がある。また、全女性と指定カースト男性の数値では、一九九一、二〇〇一、一一年全女性が一〇ポイント余の差で低い状

1－4　指定カーストの識字率にみる州などの地域差，2011年，（％）

高い順		低い順	
ダマン・ディーウ	92.6	ビハール	48.6
ミゾラム	92.4	ジャールカンド	55.9
トリプラ、ダードラー・ナガル・ハヴェーリー	89.4	ラージャスターン	59.7
ケーララ	88.7	ウッタル・プラデーシュ	60.9
ゴア	83.7	アーンドラ・プラデーシュ	62.3

註記：指定カーストの全体平均は66.1％
出典：https://socialjustice.gov.in/writereaddata/UploadFile/HANDBOOKSocialWelfareStatistice2018.pdf（2023年10月6日アクセス）より筆者作成

況にある。このことから、女性の低い識字率はカースト帰属に限らず、ジェンダー慣習によるインド社会の構造的な問題であることがわかる。

男女の格差を踏まえて、さらに地域格差の観点から考慮することも重要である。指定カーストの認定数について、地域によって相違があることを先に指摘したが、識字率についても地域差が存在する。

1－4は、識字率の高い／低い州・連邦直轄地をランキングしている。識字率が高い地域にはポルトガルの植民地だったダマン・ディーウ、ダードラー・ナガル・ハヴェーリーとゴアのほか、北東部の諸州（ミゾラム州、トリプラ州）と南部のケーララ州がある。他方、低い地域には北部のビハール州とジャールカンド州、ラージャスターン州、ウッタル・プラデーシュ州が並ぶ。

このような偏差が生じるのは、地域の歴史、宗教、政治、経済的要因が複層的に関係しているからだ。たとえば、北東部や南部のケーララ州は、植民地時代、キリスト教宣教師団による布教を目的とした教育活動が、とくに下位カースト、不可触民を対象として、活発に行われていたことが識字率が高い要因の一つとして挙げられる。

ここまでみてきたように、不可触民とされた人びとは、独立後、特別な支援政策が必要とされる指定カーストとして公式に認められたいわば「公定カースト」となった。ただし、すべての不可触民が指定カーストになったわけではない。それは各州および連邦直轄地の行政がそれぞれ認定し、各集団の政治力によって左右されるからだ。

指定カーストは多数のカースト集団によって構成されている。カースト間には、経済・社会・文化的な多様性があり、決して一枚岩の集団ではないのだ。

コラム①

カーストとインド現代政治

九億人の有権者数を擁する「世界最大の民主主義国」のインド。政治についての会話は日常的風景だ。

訪問先の家ではテレビがついたままで、ニュース番組が流れていることが多い。現政権の評価、選挙の予想、政治家と親族の汚職問題などをあれやこれやと話す。有名な政治家は、その身振りや話し方を面白おかしく物真似されることもしばしばだ。どっと笑いが起きて、場は賑やかになる。

人気の高い政治家の多くはスピーチがうまく、内容も面白い。支持率にも大きく影響を与えるようだ。最近では現ナレーンドラ・モーディー首相のスピーチが好評で、他方、野党で国民会議派（Indian National Congress／INC）の元総裁ソニア・ガーンディー（一九四六〜）と息子ラーフル（一九七〇〜）のスピーチは不評だ。識字率が約七三％（二〇一一年国勢調査）と先進国と比べて高くはないインドのような国では、書きことばよりも話しことばの方が、伝えるコミュニケーションとして長い歴史がある。政治家は有権者にじかに語りかけて、一人ひとりの心にいかに訴えられるかが重要になってくる。街頭演説で同じ言葉を連呼する政治家が多い日本とは対照的だ。

モーディー首相の高い支持率が長く続いている背景に、既存のインド政治家たちが批判されてきた諸問題に抗《あらが》う政治家として、巧みに有権者へアピールできていることが挙げられる。その問題とは、世襲とカーストに依存した政治運営だ。このコラムではインド政治を特徴付けるこれらの問題に注目し、さらにダリトの政治動向もみていこう。

世襲による国民会議派の凋落

「二世議員」の問題が日本では頻繁に取り上げられるが、インドの政界でも世襲は多くある。日本でも、ネルー・ガーンディー家について知っている人もいるだろう。独立運動の中枢を担い、独立後の国民会議派政治を牽引してきた。

独立運動の政治指導者モーティーラール・ネルー（一八六一～一九三一）を父に持つインド初代首相ジャワーハルラール・ネルー（一八八九～一九六四）はカシュミール地方のバラモン出身で、一九六四年に死去するまで独立後のインド政治を率いた。その後を娘のインディラ（一九一七～八四）が同じく首相として引き継いだ。インディラが一九八四年に暗殺されると、長男ラジーヴ（一九四四～九一）がさらに首相として続いた。ネルー、インディラ、ラジーヴの三代の首相在任期間を合わせると三八年にもなる。

一九九一年に母と同様にラジーヴが暗殺され、同時代の国民会議派勢力が弱体化していたことから、一家による首相継承が途絶える。しかし、亡きラジーヴの妻でイタリア出身のソニアが一九九八年から二〇一七年まで、また一九年から二二年まで国民会議派総裁を務めた。さらにソニアの息子ラーフルも政界入りし、二〇一七年から一九年まで総裁を継承している。

国民会議派の支持率が急落していった要因に、一族に依存した指導者選びと、それによる組織の硬直化がある。かつて、国民会議派は上層カーストからシュードラに属するとされる後進カーストと、最下層のダリトを含めた下層カースト、ムスリムなどの宗教マイノリティを含めたさまざまな社会集団から票を得ていた。

そうしたなか一九八〇年代以降、インド人民党（Bharatiya Janata Party／ＢＪＰ）が躍進する。党名の**Bharatiya**はヒンディー語で「インド」、**Janata**は「人民・民衆」意味をする。インド人民党はバラモンなどの上層カーストの支持を集め、最近はダリトのなかでも賛同する人びとが少なくない。国民会議派がネルー・ガーンディー家のイメージを刷新できずにいるなか、インド人民党のモーディー首相は「低いカースト出身にもかかわらず、自助努力で国のトップに昇りつめた人物」として有権者にアピールし、持ち前のスピーチ力で人びとを惹きつけている。モーディー首相は自らのカーストを明示していないが、その他の後進諸階級（ＯＢＣ）に属することが知られている。強引な政治手法がたびたび批判されているが、モーディー首相の登場がインド政治に与えた新しい変化、つまりは非世襲、非バラモン出身は注目に値する。

地域×カースト政党の台頭

一九七七年はインド政治の分岐点といわれる。中央で政権を担ってきた国民会議派が初めて敗北したことにより、一党優位体制が揺らいだからだ。一九八〇年代以降は、対立政党の伸張と連立政権の時代に突入していく。地域的・社会的にも多様な利益団体がそれぞれの要求を訴え始めた。一人一票という民主主義の原則のもと、人口の大きいカースト集団は団結し、政党を結成した。

ここで勢力を拡大したのは数で多数を占める下層カーストである。留保制度の便益を図ることを公約にしてカースト集団が結集する。この結果、カーストと政治の結びつきがいっそう強固になり、各集団間の対立と分断が深まっていく。

一九八〇～九〇年代には、北部諸州で、後進カーストとダリトを支持基盤にした新たな政党が台頭する。たとえばダリトでは、一九八四年にウッタル・プラデーシュ州で、チャマール（皮革カースト）を中心に大衆社会党（Bahujan Samaj Party／BSP）を結成する。党名はヒンディー語でそれぞれBahujanは「大衆・多数者」を、Samajは「社会」を意味する。また、その他の後進諸階級（OBC）に属するヤーダヴ（牛飼いカースト）は、一九九二年に同州で社会主義党（SP）と、一九九七年に全国ジャナター・ダル（RJD）を結成し、カーストおよび地域を基盤にした政治活動を展開することで、全国政党（特に国民会議派）の支持基盤を次第に奪っていった。

こうした地域政党の登場によって、全国政党が中央政府の与党になるためには、地域政党と手を組まなければならない状況になった。多党化の動きは政治の活性化をもたらしたが、同時に政策決定に政党間の調整を困難にするなど課題も抱えている。

他方、地域・カースト政党の多くは限られた指導層による独裁的な政治手法が目立つ。親族内での権益独占や汚職もしばしば批判されている。国民会議派時代にすでに指摘されていた問題と共通するものであり、将来的にみれば政党の存続は危ういといわざるを得ない。特定の地域・血縁・カーストを超えた結束のビジョンを有権者にどのように示せるかは、インドの議会制民主政治を発展させるうえでも重要な点となるだろう。

ダリトの政治勢力は高まったか

独立後、一人一票の民主主義の原則に基づき、ダリトの政治参加は保障された。また議席に留保制度が導入されたことで、指定カースト(ダリト)出身議員の代表性も確保されるようになった。では、政界におけるダリトの存在感は高まったのか。答えは、「その途上にある」というところだろう。

先に触れた大衆社会党は、ウッタル・プラデーシュ州を拠点に北部や中・南部諸州でも政治活動を行い、二〇〇七年にはウッタル・プラデーシュ州で単独政権を担った。しかしそれ以降は高い支持率を維持することができず、現在は低迷している。主な支持基盤と目されていたダリトからの不支持があり、ダリトのなかでもチャマール以外からは多くの支持を得られなかった。また党首マーヤーワティー（一九五六〜）の独裁的な統治手法、汚職問題も指摘されている。

二〇〇七年、単独政権発足に導いた州議会選挙での大きな勝利は、ダリト以外の社会集団からも高い支持を得ることでもたらされた。その後は失速したが、大衆社会党の事例は、留保制度によってダリト出身議員が単に選出されているだけではなく、中央政治と州の主要なアクターとなり得る可能性を示した点で重要だ。

議席の留保制度については第2章で述べるが、ガーンディーとアンベードカルが結んだ一九三二年の「プーナ協定」に遡る。そこではアンベードカルが主張したダリトだけでダリトの議員を選ぶ分離選挙制は認められず、全有権者がダリトの議員を選ぶ合同選挙制の採用が決まった。そのため、アンベードカルが懸念したように、既存政党に所属するダリト出身者は権利を主張しすぎない「無難な」候補者が当選する傾向にある。留保制度はあくまでも議会への参加の保障にとどまる。こうした選挙構造を考慮すると、大衆社会党の自立した政治力は衝撃的だった。

いずれにせよ、ダリトの政治的位置取りを進展させるためには、まず代表性の確保が不可欠だ。近年になり、重要な役職にダリト出身者が初めて就くケースが増えている。代表的な次の三名を挙げておこう。

元大統領のK・R・ナーラーヤナン（在任一九九七〜二〇〇二）
元最高裁長官のK・G・バーラークリシュナン（在任二〇〇七〜一〇）
元下院議長のミーラー・クマール（在任二〇〇九〜一四）初の女性下院議長でもある

なお、インドは議院内閣制で首相が政治を率いるが、国政議員や州議会議員などによる間接選挙によって五年任期の大統領が国家元首として存在する。

ダリト出身者たちが、象徴的な存在を超えて、政治的発言力を高めることができるか。ダリトの挑戦はいまも続いている。

第2章　差別批判と解放の模索——迷走のインド政治

インド政府は、カーストによる社会的・経済的不平等の問題と、ダリトへの差別行為の克服をめざす政策を実施してきた。だが、本書で述べるように、政府の支援や法律の実効性が十分とは言いがたい。こうした状況を踏まえて、この章では思想面と政策の実施状況から問題の要因について追究する。

初めにカースト制批判とダリト解放の運動・思想的潮流を整理する。そこには、ヒンドゥー教の枠組みのなかで改革を志向するのか、あるいはヒンドゥー教から脱して新たな価値観や信仰を希求するのか、二つの大きな潮流がある。

二つの潮流は、独立インドのカーストと指定カースト政策に大きな影響を与えた二人の思想家・政治家の行動と言ってもいい。序章や第1章でも少し記したが、一人はヒンドゥー教の枠組みのなかで改革を求めるM・K・ガーンディーであり、もう一人はヒンドゥー教から脱して新たな価値観を志向するB・R・アンベードカルである。

この章では、さらにガーンディー没後、ガーンディー主義者と呼ばれる人びとが、どのように改革を実践したのか、清掃カーストを通してみていく。そして、現在の指定カースト政策の問題点についても述べていく。

1　ハリジャン運動か、ダリト運動か

ヒンドゥー教内部の改革

不可触民制の撤廃や社会的平等の実現を最終目標にした挑戦は、インドの歴史のなかで何度も行われてきた。だが、運動の理念やアプローチによって大きな違いがあり、時に協働しつつも、対立することもしばしばだった。

先に記した二つの潮流は、インドの社会運動研究に精通する社会学者ガンシャーム・シャーの研究による。以下、シャーの分類に依拠して歴史を紐解きつつ各運動についてみていこう。

ヒンドゥー教内部の改革運動は中世まで遡ることができる。なかでも代表的なのが七世紀半ばから九世紀半ばの南インドで興隆し、その後インドの各地域へ広がった「バクティ運動」だ。バクティとは、唯一の最高神への帰依によって救済されるとする信仰実践である。

バクティ運動には二つの局面があった。一つは、バラモンの言葉とされてきたサンスクリット語を通した運動と、もう一つはローカルな言語に基づく大衆的な運動である。前者は、上位カーストを中心に浸透したが、その後衰退する。ダリトとの関わりで重要なのは後者である。

各地方語を媒介とした大衆的なバクティ運動は、下位カーストや不可触民に広く行き渡った。バクティ運動の思想は「神への絶対的な帰依により、カーストにかかわらずすべての人びとが平等に救済される」というものであり、虐げられてきた多くの人びとに受け入れられていった。

ただ、カースト制の克服という面では、バクティ運動の評価は肯定と否定とで分かれる。平等主義という思想面での高い評価と、理念では社会的平等は達成できないという否定的評価である。

結局、バクティ運動は、ダリト運動史でみれば、アンベードカルの登場によって重要性が低下していく。一九二〇年代からアンベードカルは宗教よりも政治的手法で権利を獲得することを重視し、バクティ聖者を祀る寺院建設に反対し、やめさせている。たしかにバクティ思想の浸透は現代でもみられるが、アンベードカルの登場によって宗教的平等から政治社会的平等主義へ、ダリト運動が転換していったと言える。

対キリスト教の運動

近代に入ると、「社会宗教改革運動」が現れる。

イギリスによる植民地支配が本格化すると、近代西欧との関係から不可触民問題への関心が集まった。キリスト教的価値観がインド社会の慣習・制度に影響を及ぼしたのである。西洋文明からみれば「遅れた」「野蛮な」行為が露《あら》わになり、幼児婚の禁止、寡婦再婚の推進、不可触民への教育普及に取り組む活動が現れてくる。

一九世紀後半以降、キリスト教宣教師団によって不可触民の教育や福祉活動が始まると、それに対抗しインド側から復古的なヒンドゥー教宗教団体の運動も行われた。この時期の運動は、宗教のみならずインド社会、より正確に言えばヒンドゥー教徒による社会改革の企図から、「社会宗教改革運動」と称される。

東インド・ベンガルでのラーム・モーハン・ローイの「ブラフマ・サマージ」（一八二八年設立）を始めとし、「プラールトナー・サマージ」（一八六七年設立）、「プーナ公衆協会」（一八七〇年設立）、「ラーダースワーミー・サトサング」（一八六一年設立）、「ラーマクリシュナ・ミッション」（一八九七年設立）などがある。北インド一帯に拡大した運動では、ダヤーナンド・サラスワティーによる「アーリヤ・サマージ」（一八七五年）の活動が知られる。

ただし、各団体の活動に不可触民問題は含まれていたが、主要な課題ではなかった。また「カースト改良論」の影響もあった。当時、盛んに論じられたカースト改良論は、「正しい」「純粋な」カーストとヴァルナ制を取り戻すために、善き行いを実践すべきだとする主張である。そこでは、カースト問題は政治的より社会的な課題とされ、カースト自体の否定よりも個人の意識改革が叫ばれていた。つまり、カースト改良論は、ヴァルナ制をいっそう積極的に肯定するものだった。

一九世紀後半の政治では、「国民社会会議」（National Social Conference, NSC）の活動がヒンドゥー教内部からの改革に位置づけられる。

国民社会会議は政党であるインド国民会議派（以下、国民会議派）の補完組織として一八八七年に設立された。彼らの活動目的は社会宗教改革に取り組む諸団体を集め、インド社会の問題を論じることだった。

画期となったのは一八九五年の第九回大会で、初めて不可触民問題の解決のための決議が採択されたことである。ここでは教育や軍隊、その他の社会生活全般における不可触民出身ゆえの不利益が解消されなければならないと主張される。

ただ、国民社会会議は西洋式教育を受けたカースト・ヒンドゥー（不可触民以外のヒンドゥー教徒）を中心とする集まりだった。そのため不可触民問題は活動内容に掲げてはいたが、活動の主眼にはならなかった。国民社会会議が推進した改革では、抜本的なヒンドゥー教の改革は回避され、個々の問題の改善にとどまった。

ハリジャン運動

ヒンドゥー教の改革運動の流れには、一九三〇年代以降ガーンディーによる「ハリジャン運動」も含まれる。ハリジャンとは「神の子」を意味するガーンディーが提唱した不可触民の呼び名である。この用語に不可触民問題についてのガーンディーの立場が集約されている。

ハリジャンという呼称は、ガーンディーがつくったわけではない。グジャラートの著名な詩人が用いた呼び名を採用したものだ。不可触民を「友なく、無力で、弱い存在」として、神に保護されるべき人たちと評し、ハリジャンと表現していた。

ガーンディーは、先に触れたように不可触民制を差別する側の心の問題と捉え、差別するカースト・ヒンドゥーの改心によって問題を克服しなければならないと説いた。彼の思想を広め、実践に移す場として、一九三二年には「ハリジャン奉仕者団」(Harjjan Sevak Sangh, HSS)が設立される。

ハリジャン奉仕者団は、ガーンディーの理念を支持するカースト・ヒンドゥーたちのハリジャン運動の拠点となった。ハリジャン運動は不可触民制の全廃を初めて大衆運動によって実践させた点で、心理的にも大きなインパクトをインド社会に与えた。カースト・ヒンドゥーからの寄付によって運営し、不可触民への教育支援を積極的に行った。この運動の問題は、不可触民自身のリーダーシップの不在である。不可触民はあくまでもハリジャン奉仕者団による活動の受け手に徹することが求められ、ハリジャン運動の中枢メンバーから外されていたからだ。

ガーンディーは不可触民制の廃止を全面的に支持したが、何度も指摘したようにヒンドゥー教とカースト・ヴァルナ制に関しては撤廃ではなく、改良すべきという立場だった。ガーンディーは自らが発行した週刊誌『ヤング・インディア』（一九二五年四月二三日号）のなかで、次のように考えを述べている。

しばしば私は、ヴァルナーシュラマ〔バラモン、クシャトリヤ、ヴァイシャ、シュードラの四区分からなる社会システム〕と不可触民制との差異を示してきた。前者をわたしは、合理的科学的な事実として弁護し、後者はぜい肉として、絶対融和できない悪として非難してきた。あるいは、愚鈍さゆえにわたしは差異のないところに違いをみているのかもしれないし、無知迷信のあるところに科学をみているのかもしれない。しかし、わたしはヴァルナーシュラマを出生にもとづく健全な分業とみなす。現在のカースト観は、本来のカースト観の歪曲である。わたしにとって優劣の問題は存しない。それは純粋に義務の問題である。

（森本達雄・森本素世子訳『不可触民解放の悲願』）

ガーンディーにとって、不可触民制は悪であり断固反対の立場だった。だが、カーストは貴賤のない世襲的分業制の観点から社会秩序の維持に貢献するとし、その改革を主張していた。すなわち、不可触民制のないカースト制をめざしていた。

より正確に言えば、ガーンディーは現在のカースト制について、本来のカースト観の歪曲であり、正しいヒンドゥー教観に基づくヴァルナーシュラマを再建すべきとした。それは人間の世俗的野心を抑制する宗教的配慮に基づいた社会システムだった。

ガーンディーが強調したのは、ヒンドゥー教徒は出生によって定められた各自の職業を義務として遂行しなければならないこと、各ヴァルナ間に上下・優劣の問題は存在せず、万人が平等な地位に置かれていることだった。

「職業に貴賤はない」

ところで、ガーンディーが「職業に貴賤はない」と主張する際によく引き合いに出したのが汚物処理と清掃だった。清掃は社会に奉仕する尊い職業であり、清掃に従事する清掃カースト（バンギー。北インドの代表的な清掃カースト。後で詳述）を「社会の奉仕者」として称賛した。雑誌『ハリジャン』（一九三六年一一月二八日号）で以下のように述べている。

> わたしの考える理想のバンギーは、勝れてバラモンであり、おそらくバラモン以上でさえあろう。バラモンがいなくてもバンギーの存在を心に描くことはできる。が、バンギーがいなければバラモンは存在しえないだろう。バンギーこそ社会生活を可能にさせるものである。バンギーは、母親が赤子のためにすることを社会のためにする。母親は汚れたわが児を洗って健康を守ってやる。まさにそのように、バンギーは社会全体の健康を衛生の維持により守り保障する。〔中略〕バンギーはすべての奉仕の基礎をなしている。
>
> （同前／傍点は原文ママ）

不可触民問題についてのガーンディーの考えは、当時の国民会議派によって共有された。一九二〇年代、国民会議派は不可触民問題への取り組みとして、バンギーや清掃業を賛美するような決議を行っている。不可触民の子弟への教育普及とならんで、バンギーの仕事を「立派な地位」に高めることが活動内容に含まれた。そこでは清掃業自体からバンギーたちを解放させるというよりは、汚物処理を衛生的に改善することに力が注がれていた。

ガーンディーの思想の骨子は、カースト・ヴァルナ制を崩壊させるのではなく、それを保持し、倫理的調和のとれた共同体へと再編させようとする論理に特徴がある。しかし、ハリジャン奉仕者団のなかで不可触民当事者を運動の中核から排除する手法は、後述のアンベードカルをはじめとする不可触民出身の活動家からパターナリスティック、つまりは上から目線で温情主義的と厳しい批判を浴びることになる。

脱ヒンドゥー教の志向——アーディ運動、集団改宗

では、脱ヒンドゥー教を志向した運動にはどのようなものがあるのだろうか。

ヒンドゥー教ではないオルタナティヴな価値の模索では、ヒンドゥー教こそがカーストや不可触民制の慣習を存続させる元凶であると強調する。この潮流には、先述した社会宗教改革運動をはじめ、同時代の一九世紀後半から二〇世紀初頭に南インドの不可触民を中心にさまざまな運動が始まる。彼らは非ヒンドゥー・アイデンティティを掲げて、独自のアイデンティティを主張しているのが特徴である。

南インドでは、北のアーリヤ文化、バラモン至上主義に対抗するかたちで、先住民族ドラヴィダの結集が主張された。自らを「アーディ・ドラヴィダ」(原ドラヴィダ人の意)と称し、自分たちが置かれてきた従属的状況はアーリヤ民族の侵略によってもたらされたと主張した。

アーリヤ人がつくったカースト制によってドラヴィダ民族はシュードラの地位に貶《おとし》められ、最後まで抵抗した者たちが不可触民にされたという歴史を共有することで団結を図った。

先住民族説を基盤とするこの「アーディ運動」は、インド各地に拡大し、カースト・ヒンドゥーが担い手となる不可触民問題解決の活動を批判した。

また、アンベードカルを生んだ西インドのマハーラーシュトラ地方では、J・G・フレー（一八二七〜九〇）の先駆的な反カースト運動がよく知られる。

フレーは一八七三年に「真理探究者協会」を設立し、低カーストや不可触民向けの教育活動に従事した。反バラモン、反カーストの思想を掲げるフレーの運動は、一九二〇年代から三〇年代までにマハーラーシュトラ地方で不可触民運動の指導者が生まれる土壌を形成することになる。

さらに、一九世紀後半以降の不可触民の集団改宗も、従属的状況を打破する脱ヒンドゥー教を志向する動きと言えるだろう。平等主義を教義に掲げるイスラーム教、シク教、キリスト教、仏教などに希望を託しての集団改宗だった。

イギリス植民地期の一九世紀後半から二〇世紀初頭にかけて、インド人の宗教別人口の割合は植民地行政における政治的権利要求の問題と絡んで重要な政治的争点となっていた。同時期の不可触民の改宗動向は非常に注目を集める。さらには、独立後は一九五六年にアンベードカルの主導で行われた仏教への集団改宗である。

しかし、改宗しても不可触民の地位は容易に改善されるわけではない。それは現在でも低い地位の状況が続いていることからも明らかだ。改宗後の不可触民が直面する厳しい状況は、カーストや不可触民制の慣習がヒンドゥー教という宗教的要素のみによるのではなく、インド社会全体を貫く社会問題であることを示している。

アンベードカルとその信奉者たち

いま脱ヒンドゥー教の志向で、もっとも強力な運動は、「ダリト運動」として括られるものである。政治・社会・経済的領域で権益の分有を追求する運動だ。アンベードカルの理念を引き継いだ信奉者「アンベードカライト」を自認する人びとが牽引する。

一九五六年一〇月一四日、アンベードカルは死の直前に、彼と同じカーストである五〇万人以上のマハール(農村部で見張り、使い走り、死んだ家畜処理など雑役に従事したカースト)とともに仏教への改宗儀式を行った。アンベードカルが宗教的救済を強く希求していたことの表れだが、同時に彼は世俗的権益の獲得がダリトの地位向上に不可欠だとも深く認識していた。後述するように、一九三〇年代のガーンディーとの激しい論争は、この点をめぐっての意見対立だった。

アンベードカルは、ダリトが被差別的状況から抜け出すためには、カースト・ヒンドゥーの憐憫《れんびん》にすがるのではなく、ダリト自身が教育を受けて広い視野を持ち、従属的状況を自覚し、自力で改革に取り組まなければならないことを主張し続けた。

アンベードカルの死後も、運動は信奉者たちによって組織の分裂と結合を繰り返しながら引き継がれている。

台頭するエリートと「ダリト運動」の多様化

インド独立以降、ダリト自身による運動は活発化するが、その特徴は、エリートの登場と、運動の多様化と個別化をあげることができる。

留保制度を活用し、高い学歴を得て社会的・経済的上昇を果たしたダリトのなかには、出自を隠さず、コミュニティのロールモデルとして影響力を持ち、指導者として出自カーストと積極的に関わろうとする姿勢もみられる。こうした人びとは、運動を推進するエリート層として注目に値する。

一九六〇年代から七〇年代には、教育を受けたダリト出身の作家による出版活動が増加する。その流れのなか、アンベードカルの出身地西インドのマハーラーシュトラ州を拠点にした運動組織「ダリト・パンサー」が結成される。一九七二年のことだ。この時期を境に、

「抑圧された」を意味する「ダリト」を自称し、自らの置かれてきた従属的立場を表明することが運動のなかで本格的に始まる。

ダリト・パンサーは、一九五〇年代からアメリカを席捲《せっけん》していた公民権運動と、マルコムXを指導者にしたその急進的組織ブラック・パンサーの影響を大きく受けていた。バラモン的な価値体系やカースト抑圧への対決姿勢を鮮明にし、独自のアイデンティティの確立を企図していた。

その後、ダリト自身による運動について、「ダリト運動」と呼ばれることになるが、内実はマハール、マーング、チャマール、バールミーキなど、カーストごとに分断された傾向も強くあった。

文学運動を契機としたダリト・パンサーも例外ではない。文学作品を通じてカースト批判や社会の変革を主張する手法は画期的だったが、指導者間のイデオロギーの違いや派閥争いが次第に明らかになり、活動拠点のマハーラーシュトラ州以外の地域、およびマハール・カースト以外のダリトからの支持を獲得できなかった。これはカースト間の分裂が根深いことを示唆している。

ダリト・パンサーは一九九〇年代には失速するが、カースト単位で個別の問題を掲げる運動は発展している。政治面では、一九八四年に結党した北インドのウッタル・プラデーシュ州を基盤とする政党「大衆社会党」（Bahujan Samaj Party, ＢＳＰ）が州政権を獲得したこともあった。近年、求心力が衰えるが、特定のカーストに偏らない支持基盤を築けるかが、結党以来の大きな課題である。

運動の多様化や個別化といった傾向は、ネガティブにみれば、統一性の欠如や分散化と捉えられるかもしれない。しかし、ポジティブにみれば、運動の拡充、すなわちオルタナティブな社会変革をめざすビジョンの模索の時期とも考えられるだろう。この動きを推進しているのは、先述した各コミュニティ内部のエリートたちである。

インド社会の変容にともない、ダリト自身の運動が今後どのような展開をみせるのかは、つねに注目されている。

ただし、ダリト運動とは、基本的にはアンベードカルの理念を引き継ぐダリト主導の運動を指し、内部の違いを捨象《しゃしょう》した大括りの名称である。インド全域のダリト出身者を率いる単一の組織が存在するわけではない。実際には、特定の地域やカーストを基盤にして形成される。そうした動きをいかに連帯させるのかが、アンベードカル以来の大きな課題となっている。

2　ガーンディーとアンベードカルの意識差

選挙制度が浮上させた不可触民

イギリス植民地期のインドでは二〇世紀に入ると、不可触民問題は克服しなければならないインド全体の課題として大きくクローズアップされた。しかし後述するように、それは必ずしも人道的・福祉的見地から注目されたわけではない。むしろ、政治問題として議論される。とくに、一九三〇年代には不可触民の政治的権利をめぐってガーンディーとアンベードカルのあいだで大きな論争が繰り広げられた。

両者の違いは何だったのか。論争の結果は、留保制度を含む指定カースト政策の枠組みの基盤となり、インド憲法の条文にも明記されている。ここでその争点を確認しておきたい。

先述したようにイギリスによる植民地支配が進むにつれて、キリスト教宣教師団の布教と教育活動が目立つようになる。現地社会に西洋思想が流入し始め、キリスト教や他の宗教へ改宗する不可触民が増加したことは、ヒンドゥー教徒の政治家や宗教指導者たちに危機感を抱かせた。

不可触民の宗教帰属問題が急浮上した背景として、第1章2節で詳述した「モーリー・ミントー改革」があった。インド人の限定的な政治参加を認めるものだが、ここで重要なのは、選挙制度に別個の政治的利害を持つ集団として、イスラーム教徒の分離選挙区を採用したことである。

さらに、一九一九年のインド統治法で宗教を基本とする分離選挙制度が徹底され、各教徒の人口比に応じて州立法参事会の議席が配分されることになった。植民地政策により、それまでは誰も問題にしてこなかった不可触民の宗教帰属がここで大きな争点となったのである。

北インドのパンジャーブ地域は、のちにバールミーキにカースト名を改宗したチューラー・カーストの多く住む地域だが、一九世紀後半以降キリスト教の進出とキリスト教への改宗者が増加する。イスラーム教やシク教に改宗する事例もあったが、キリスト教の比率が群を抜いて多かった。

不可触民を差別しながらも、ヒンドゥー教徒とみなしていた他のヒンドゥー教徒にとって、改宗の動きは自分たちの勢力衰退であり、不可触民問題を取り上げざるを得ない状況に追い詰められていく。

他方、ヒンドゥー教以外のイスラーム教、シク教、キリスト教など各宗教コミュニティは不可触民を取り込むために、競って改宗運動に乗り出した。また、不可触民のあいだにも解放運動の機運が高まり、西インドのマハーラーシュトラ出身のアンベードカルを筆頭に、東インドのベンガル、南インド各地域から低カーストや不可触民出身の指導者が台頭し政治の舞台に登場する。

一九二〇年代からは、不可触民の政治的位置づけをめぐって、イギリス政府、ガーンディーなどの指導者が率いる国民会議派、そしてアンベードカルを中心とする不可触民勢力の三者間で徐々に交渉が繰り広げられるようになった。

一九三〇年代に入ると、とくにガーンディーとアンベードカルの対立が浮き彫りになり、最終的にはアンベードカルが大幅に譲歩を強いられるかたちで決着することになる。

ガーンディーの基本的立場

二人の対立は大きく二つあった。一つは不可触民をヒンドゥー教徒の一部とみなすか否かであり、もう一つは彼らの解放運動を誰が主導すべきかだった。

ガーンディーの不可触民問題解決への基本的立場は、次のようにまとめられる。

不可触民は紛れもなくヒンドゥー教徒であり、不可触民の悲惨な状況はヒンドゥー教の最大の汚点である。ガーンディーのめざす不可触民解放運動は、不可触民に差別を強いてきたカースト・ヒンドゥーにとっての贖罪《しょくざい》であり、不可触民への無私の奉仕と心情面から差別意識を取り除くことである。それゆえ、ヒンドゥー教徒である不可触民に、アンベードカルが要求していた別個の政治的権利を与える必要はないというものだった。

ガーンディーの主張には、ヒンドゥー教徒と対立し、宗教別分離選挙の枠を獲得していたイスラーム教徒の存在が強く影響している。イスラーム教徒は、「われわれはマイノリティではない。一民族である」と主張し、最終的には独立時にイスラーム国家パキスタンを建設する。

マイノリティが自治および独自の政治的権利を強く要求した場合、分離主義に至る。イギリス植民地時代からイスラーム教徒の分離運動が高揚するなか、ガーンディーをはじめとする独立運動の指導者たちは、マイノリティ問題の対処に慎重な姿勢をとらざるを得なかった。

ガーンディーにしてみれば、当時、四〇〇〇万～五〇〇〇万人の人口を占めた不可触民の分離選挙制を認めることは、独立インドの政治的統合を阻むものだった。ヒンドゥー教徒内部の分裂を危惧《きぐ》しアンベードカルの意見と厳しく対立したガーンディーの決意のほどは、後述するが自らの生命を賭した断食という行為によく示されている。

アンベードカルの立場

ガーンディーの意見に対して、真っ向から異議を唱えたのがアンベードカルである。不可触民はヒンドゥー教徒の一部ではなく別個の存在であり、イスラーム教徒と同様に不可触民のコミュニティの代表者を議会に選出する政治的権利が与えられなければならないと主張した。インド史学者の長崎暢子が指摘するように、「アンベードカルの要求は、今日の言葉でいえば、アファーマティヴ・アクションにつながる」。

アンベードカルは、先述したように不可触民運動の中心から不可触民当事者が排除されることを批判し、運動は不可触民自身が主導しなければならないと説いた。アンベードカルからみれば、インド政治における多数派はイデオロギーによる多数派ではなく、宗教やカーストの多数派だった。そこでは不可触民のようなマイノリティの権益が顧みられる可能性はほとんど期待できなかった。

分離選挙制度の必要性を痛感したアンベードカルは、ガーンディーがモラルや心の問題を持ち出して反対することは容認しがたかった。

ガーンディーは合同選挙制を主張していたが、それは特定のマイノリティ集団に属する人のみが立候補できる選挙区を留保し、全有権者が投票するシステムだった。アンベードカルは、合同選挙制では不可触民の候補者は不可触民以外のマジョリティからの支持を得なければならず、不可触民の代表は選ばれないと考えた。

両者の対立は、カースト・ヒンドゥーと不可触民のあいだに、大きな溝があることをあらためて鮮明にした。

対立は、第二回円卓会議（一九三一年九～一二月）で決定的となる。この会議の主題は、新統治法下における不可触民の選出方法に関するものだった。

最初の一〇年間を分離選挙制とし、その後に合同選挙への移行を主張するアンベードカルに対し、ガーンディーは不可触民の分離選挙実施への反対と合同選挙制、基本的人権の支持を貫いた。

イギリスによる裁定、ガーンディーの抗議

一九三二年、イギリス政府のラムゼイ・マクドナルド首相による「コミュナル裁定」（宗派・社会集団別代表権裁定）で、以下のように選挙制度は決定する。イスラーム教徒、ヨーロッパ人、インド人キリスト教徒、およびアングロ・インド人（ヨーロッパ出身者とインド人のあいだの子孫）には分離選挙制を与え、不可触民には彼らだけが選挙権、被選挙権がある一部の分離選挙区および一般選挙区における選挙権と被選挙権の双方を有する特別選挙制の導入である。これはアンベードカルから不可触民側の主張を取り入れたものだった。

これを受けて、投獄中のガーンディーは、不可触民に分離選挙区を与えるコミュナル裁定の内容に激しく反対した。一九三二年九月二〇日に生命を賭した断食宣言を行い、インド中の関心を集めた。ガーンディーの命と不可触民の政治的権利の板挟みのなか、アンベードカ

ルは妥協を強いられ、ついに一九三二年に「プーナ協定」がガーンディーとアンベードカルとのあいだで成立する。

その内容は、不可触民への分離選挙制を認めず、留保議席数を増やすことで配慮を示し、合同選挙による選出方法を採るというガーンディーと国民会議派の主張を大幅に取り入れたものだった。

不可触民の政治的権利は、独自の代表を自ら選出する権利ではなく、議会への参加の保障のみとなったのである。

独自の政治集団から保護の対象へ

その後の議論の焦点は、不可触民の政治的権利から不可触民の保護をどのように実現させていくのかへ移行する。

第1章で述べたように、一九三五年のインド統治法では、不可触民をヒンドゥー教徒に統合されるコミュニティとみなす観点から、特別な教育的・福祉的支援を行うために不可触民に「指定カースト」という行政用語が考案された。

不可触民の指定カースト認定については、どの集団を包摂するのか、そのためにはどのような基準が用いられるのかをめぐる裁量は当局に委ねられた。そのため、これらの概念は客観的とは言いがたく、きわめて政治色の濃い概念とならざるを得なかった。この指定カーストの考えは、インド憲法にもそのまま盛り込まれ、独立以降もインド政府によって継承されたことは先述した。

さて、不可触民をヒンドゥー教徒に統合される集団とみなすガーンディーの基本的立場は、インド憲法のなかで不可触民に関する条文にも反映されている。

たとえば、不可触民制の廃止、カーストを理由とする差別の禁止を含むカーストに関するインド憲法の総体的枠組みは、国民会議派による不可触民の政治的包摂の目的にも一致するものだった。カースト・ヒンドゥーの不可触民への無私の奉仕と心情面から差別意識を取り除く「改悛《かいしゅん》」によって、不可触民をヒンドゥー社会に取り戻そうとするガーンディーの存在は、国民会議派にとってもかけがえのないものであったとされる。

ただし、一九四七年の制憲議会で行われた基本権とマイノリティの権利をめぐる議論を分析した佐藤宏によると、アンベードカルの憲法構想は国民会議派によって選択的に採用されてもいる。

不可触民問題をめぐっては、この二人の他にも、さまざまな勢力が存在した。ガーンディーをとくに悩ませたのは、彼自身が推進する不可触民へのヒンドゥー寺院解放運動やハリジャン運動に対するヒンドゥー教伝統派、ヒンドゥー教原理主義者たちの拒絶と激しい抵抗だった。それはガーンディーが予期した以上のものだった。

ガーンディーは、イギリスからの独立を勝ち取るためには、まずはヒンドゥー教徒勢力の団結が不可欠と考えた。それゆえ彼のハリジャン運動は上位カーストを刺激しない穏健な手法で展開された。これにより、アンベードカルから厳しい批判を受けた。

だが、ガーンディーは紛れもなくインド史上初めて不可触民問題に国民的関心を引き寄せ、解決に向けての指針を行動で示した人物だった。ただし、ガーンディーのハリジャン運動はアンベードカルにしてみれば保守的であり、ヒンドゥー教伝統派にとっては急進的過ぎたのである。

3 独立後の試行錯誤——指定カースト支援政策

独立から一九九〇年代の経済自由化導入まで

さて、一九四七年八月にインドはイギリス植民地から、ヒンドゥー教徒が多数の地域はインド連邦として、イスラームが多数を占める地域はパキスタンとして分離・独立する。独立後のインドでは、不可触民に対してはガーンディーのアプローチと部分的にアンベードカルのアプローチを継承したイギリス植民地時代の政策が引き継がれていく。それが指定カースト支援政策である。

ここでは指定カースト支援政策の基本的特色を確認したうえで、具体的に検討するために清掃カーストを対象とする支援施策にも焦点を当ててその成果をみていく。

指定カースト向けのアファーマティブ・アクションは、大きく分けて次の三つの分野で実施されている。

①インド憲法を基本とする法制度の整備
②経済・教育・社会的発展のための福祉政策の導入
③政策の進展状況を定期的に調査・報告・提言を行う全国委員会（National Commission for Scheduled Castes）の設置

②は職業訓練や失業対策事業、低利子の貸付制度、奨学金や学生寮の設置である。③の各種報告書は、指定カーストの社会経済状況を把握するうえでも貴重な資料である。独立から一九八〇年代末までの指定カーストに関する福祉政策をレビューしている押川文子の研究は、時代的特徴を把握するうえでも有益な視点を提供してくれるが、それを参考に、政策の特色から三つの時期に分けて概観しよう。

・新生国家への期待――独立～一九六〇年代中期

独立直後の高揚感から「制度改革への期待」が高まった時期である。

指定カースト政策は、教育普及、住宅支援、保健衛生の改善が若干実施された。他方、経済分野でも五ヵ年計画で予算が割り当てられたが規模は概して小さかった。

この時期に指定カースト政策、とくに経済向上政策が本格的に行われなかったのは、不平等や格差の問題は経済発展と民主化によって解消されるという楽観論が政策策定者のあいだに存在したからだ。他方、この時期から土地改革などの抜本的な制度改革の限界がすでに明らかになっていた。

・貧困対策の強化と留保制度の浸透――一九六〇年代末～七〇年代末

この時期は貧困問題の深刻さが認識され、インディラ・ガーンディー首相のスローガンで知られる「ガリービー　ハターオー」（貧困を追放せよ）の掛け声のもと、貧困解消政策の強化が前面に打ち出された。

一九六七年の第四次総選挙で、国民会議派は初めて国会での優位を失うが、国民会議派は政権の支持基盤を確保するためにも貧困層の問題への取り組みが重要になっていく。

一九六〇年代末から中央政府により新たに導入された、ダリト特有の職種とされる清掃業や皮革業といった「不潔な」（unclean）職業の就業条件や技術改良、その労働者の子弟向けの奨学金などの特別措置が実施された。

また、指定カースト向けの政策が拡充されるなかで、同時に議会の議席、公職や、教育・経済面での優遇措置が国家によって講じられた留保政策の効果が徐々に表れ始める。相対的に微小ながらも指定カースト出身者の高等教育進学者数や公務員採用者数は着実に増加していった。

・発展の格差——一九八〇年代～九〇年代初頭

中央の不安定な政治状況は続いていた。指定カースト政策を含む後進階級のための予算は、独立初期、特別枠として年度予算の一・五～二％を占めていたが、一般予算に組み込まれるようになる。ただし、実際の政策実施は州政府であり、指定カーストの発展状況に地域差が生じる問題が認識されるようになった。

他方、留保制度が継続されるなか、その社会的インパクトが鮮明になったのもこの時期である。高等教育と安定した雇用を獲得した指定カースト出身者の社会進出が進み、とくに政治面での彼らの発言権が強まった。下位カースト、ダリトの人びとが自らの出自をアイデンティティとして主張し、公的資源の公正な配分を求めたのだ。カーストを基盤とする集団的な圧力団体や小政党も結成され、「アイデンティティ・ポリティクス」「カースト・ポリティクス」と呼ばれる政治状況が一九九〇年代から顕在化する（コラム①「カーストとインド現代政治」を参照）。

また、留保制度のさらなる拡大を要求する運動も急増した。アファーマティブ・アクションの正当化の根拠、社会的公正と弱者保護の原則をめぐって国民のコンセンサスが揺らぎ始めた時期でもある。

一九九一年にインドは経済自由化という大きな政策変更を行い、自由競争や能力主義の価値観が浸透していく。公的部門の民営化、統合や縮小が始まる。そうしたなか、指定カースト政策における最大の受け皿だった公務員職の採用数が、一九九〇年代に入ると減少に転じる。公職の削減傾向は、とくに下級職で著しく、ここに指定カーストの多くが雇用されていたことから、失業問題などの影響が大きく及んだ。

経済自由化の余波

経済自由化の影響について、とくに清掃カーストとの関連で重要となるのは、公務員の下級職である清掃職の状況だ。

第3章で述べるように、公的部門の清掃労働者の大部分は、北インド、デリーの場合、清掃カースト出身者で占められている。インド社会で清掃労働への偏見や蔑視は根深い。清掃職に就くことは社会的地位の低さを示すことになる。しかし、偏見や差別で他の職種に就くことが難しい清掃カーストの人びとにとって、公共部門の清掃職に差別はあるけれど、少なくとも家族全員の生活を保障できるきわめて重要な仕事であり、「清掃職は自分たちのもの」と考えられてきた側面もある。

筆者の調査でも、「ノーカリー　カルター　フーン」（ヒンディー語で公務員として勤めていますの意味）と自信に満ちた顔で話す清掃カーストの人びとに何度も出会った。しかし、一九九〇年代の経済自由化以降は、そうした公職の清掃職のポストは急激に減少しつつある。

地方自治体、中央と州政府、鉄道部門、その他の公共団体は清掃部門の民営化を加速させている。その影響により、公職の清掃職員でありながらも、「パッカー・カーム」と呼ばれる常勤のポストに就くことができず、何年ものあいだ「カッチャー・カーム」（臨時雇い）にとどまる状況が近年多くみられる。

指定カーストの正規雇用や労働環境の急速な改善が見込まれないなか、高い失業率や低い進学率、就職差別などの多くの問題が残されている。二〇〇六年に私立の教育施設を含む入学時の留保制度の導入を認める条文が憲法第九三次改正で施行され、民間企業での留保制度導入も国会で検討されているが、企業側から大きな反発があり実施には至っていない。

指定カースト出身者、とくに清掃カーストのような後進集団が公職以外で安定した組織部門の職を得るのは非常に難しい。留保制度を含むインドの福祉政策がいま、もっとも困難な時期を迎えていることは確かだ。

特別支援政策による指定カーストの選別

では、さらなる支援策はどのようなものとなるのか。屎尿《しにょう》処理人・清掃人に対象を特定した立法、政策、調査委員会を検討することで、その成果と問題点を考えたい。

先述したように、指定カースト政策は主に三分野で行われてきたが、インド政府は、指定カースト全体を対象とする施策とは別に、そのなかでもさらに特別支援が必要な後進集団に個別の措置を講じている。清掃カーストもそれに含まれているが、以下その概要と特徴をみてみよう。

インドは独立以降、清掃人問題に断続的に取り組んできた。具体的には、インド政府と州政府による清掃人の労働状況や生活条件に関する各調査委員会の設置と報告書の提出、福祉政策や立法措置などが行われた。

注意すべきは、これらの特別措置が必ずしもすべての清掃カーストの人びとを対象としているわけではないことだ。清掃労働者のなかでも、汲み取り式便所を掃除する「屎尿処理人」とそれ以外の「清掃人」の扱いは、明確に区別される。特別措置がとくに必要とされているのは屎尿処理人であり、ヒンドゥー教でもっとも不浄視され、過酷な労働条件を強いられてきた仕事である。

一九六〇年代から七〇年代にかけて、インド政府と州政府は屎尿処理人の労働環境に関する調査委員会を集中的に立ち上げ、屎尿処理人の対応に重点を置く方針を明確に示した。ここでの屎尿処理人の条件には、「乾式便所（汲み取り式便所）から人糞などの汚物を取り除く作業に全面的、あるいは部分的に従事している」ことを挙げ、その他の廃棄物の清掃労働者を含んでいない。つまり、屎尿処理人と明記されている政策の場合、清掃労働者の大部分を占める道路や排水溝、下水道の清掃、ごみ収集などの労働者は、受益対象の資格から外されている。

清掃カーストへのインド政府の基本的立場は、屎尿処理人に対象を絞ったことからわかるように、社会的地位の低さや不可触民差別の原因を職業的性質、つまり、人糞などに直接接触しなければならない不潔な労働環境に因《よ》るものとした。したがって、政策名で掲げられている屎尿処理人の「解放」とは、「不潔な労働環境からの解放」を意味した。ここでは、なぜ清掃職に特定の不可触民カーストが多いのかといったカーストが持つ差別的な慣習への批判的態度はない。

では、政策で屎尿処理人の解放はどのように実現されたのだろうか。

政府が採用した手法は、水洗式便所の新たな設置、あるいは従来の乾式便所の転換というテクニカルで、実用的なものだった。簡明に言えば、インド政府が主に力を注いだのは屎尿処理人の労働環境であり、カーストに基づく職業構造やカースト制自体を破壊するラディカルなものではない。

つまり、屎尿処理人、清掃人の支援政策は、二つのプログラムがセットになって実施された。一つは、「屎尿処理人・清掃人の社会経済的状況の向上」であり、もう一つは「公衆衛生の改善」だった。そこでは水洗式便所の普及こそが、被差別の原因とされる不潔な屎尿処理から屎尿処理人、つまり清掃カーストを解放できるもっとも有効な方法というものだ。

このように、水洗式便所の普及と屎尿処理人・清掃人の解放が結合した政策が実施され、両者の進展にともない解放と社会復帰が実現すると考えたのだ。

進展しない乾式便所の転換

インド政府は、屎尿処理人・清掃人の解放と地位向上を実現するためさまざまな措置を導入してきたが、どのように進展しているのだろうか。屎尿処理人を含む清掃カーストの人びとの解放と社会復帰という目的は達成されたのだろうか。

政策の評価と提言を担う「清掃人のための全国委員会」（NCSK）と「全国人権委員会」（NHRC）の報告書などを参照する限り、飛躍的な成果はないようだ。報告書では必要な改善点を三つ指摘している。①法律の実効性、②乾式便所の転換の不振、③屎尿処理人の社会復帰である。では具体的に何が問題なのか。

一九九三年に「手作業の屎尿処理人の雇用と乾式便所の建設の禁止法」（以下、一九九三年禁止法）が施行されたが、実効性を持つまでには時間がかかり、法律自体の認知度も低い。その理由の一つには、同法の法的性質である。

インドは二八州および八連邦直轄地から構成される連邦制国家であり、法律には連邦法と州法がある。一九九三年禁止法は連邦法に属する。この法律が実際に効力を発揮するのは、各州が州議会で採択してからである。インド国内のすべての州議会で採択するまでには多大な時間を要する。

さらに、一九九三年禁止法の法的強制力が弱いことだ。同法に違反した場合、一定期間の禁固および罰金の罰則規定が科されているにもかかわらず、実際にはほとんど適用されていない。それには州政府でさえ後ろ向きである。

自ら箒で掃いてキャンペーンをアピールするモーディー首相

たとえば、二〇〇一年から翌年にかけて一一州で実施された農村部における不可触民制の調査によると、いくつかの州では汲み取り式の便所である乾式便所（dry latrine と呼ばれる）の廃止を宣言していたが、それらの州でもいまだに乾式便所が使用されている実態が報告されている。このように法律の実効性と同様に、乾式便所から水洗式便所への転換も十分な結果を出せていない。

最大の理由は、地方自治体や州政府など行政機関が政策実施に無関心なことだ。また、乾式便所保有者の転換への積極性の欠如、さらには州政府による乾式便所数の統計に関するデータの不足、提供されたデータの信頼性の低さがある。

そうしたなか、限られた統計データを参照しつつ、全国人権委員会の議長を務めていたA・S・アーナンド判事（任期二〇〇三〜〇六）は、各州政府に転換が必要な乾式便所数の調査を適切に実施するよう求めた。

現在、モーディー政権下、トイレ設置の面では大きな改善がみられた。第3章でも述べるように、二〇一四年一〇月に、「クリーン・インディア」と呼ばれる環境キャンペーンが打ち出され一九年一〇月のガーンディー生誕一五〇周年までに、屋外での排泄慣行を撲滅させることが目標に掲げられていた。

トイレの普及状況は都市部と農村、州ごとにもかなりの差がある。今後は政治パフォーマンスを超えて現地の社会状況に応じた取り組みをいかに進めることができるかが鍵となるだろう。

屎尿処理人の社会復帰

では、屎尿処理人の社会復帰、つまり一般社会に受け入れられる環境についてはどうだろうか。

結論から先に言えば、現状では積極的な変化はほとんどない。

この施策の要点は、まずは屎尿処理人とその扶養家族数の把握、転職について彼らの意見の収集である。しかし、大半の州政府と地方自治体は、屎尿処理人の人数確定さえ十分にできていなかった。二〇〇七年三月一八日、全国人権委員会でのレビューミーティングでは、各州政府に屎尿処理人の人数確定を早急に実施することを勧告している。それから十数年を経た二〇二一年一二月三一日までに、全国で五万八〇九八人が屎尿処理人として認定された。

他方で、インド政府は屎尿処理労働から離脱した人びとに収入面で妥当な転職オプションを提供しようとしてきた。しかし、多くの行政機関が関わるなか、予算配当が遅れ、対象者へ迅速に提供されていない。また、コンピュータのスキルなどの職業訓練が有効だろうが、実際には手仕事による小規模な生産関係が多く、安定的な収入を提供しているとは言えない。なかにはEリキシャ（電動リキシャ）の運転手として転職できた事例もあるが、多くは難航している。

このように屎尿処理人への支援政策は、現在に至るまで政策名や担当部署に若干の変更がみられるものの、一貫してインド政府主導のもと州政府が実行しているが、十分な成果が得られず試行錯誤が続いている。

コラム②

移民したダリトたち——海を越える差別

インドの独特な慣習とされるカースト。カーストは海を越えるのか——。答えは是である。二〇〇〇年に入ると、カースト問題をインドの国内問題にとどめず、人種差別の一つとして取り組むべきだという主張が世界各地のダリトの活動家たちによって提議されるようになった。

世界的に注目される出来事となったのが、二〇〇一年に南アフリカで開催された通称「ダーバン会議」である。これは国連の「人種主義、人種差別、外国人排斥、および関連する不寛容に反対する世界会議」で、ダリトの人権NGOおよび女性組織が参加し、カースト差別を訴えた。ダーバン会議以降、カースト問題を迅速に対処するよう国際機関や欧州の政府機関を介してインド政府に圧力をかける動きが国内外で広く注目を集めるようになった。

こうした国際的に活発化している背景には、英領インドから世界各地に移り住んだダリトとその子孫たちが歩んできた歴史に目を向ける必要がある。

南アジア系移民の数は世界全体で二〇〇〇万人を超えると推計され、中国系移民（約四〇〇〇万人）に次ぐ。中国系移民が東南アジアに多く集中しているのに対して、南アジア系移民は世界中に分布している。南アジア系移民の歴史に関する研究はこれまで蓄積されてきたが、カーストやジェンダーの視点から移民内部の多様性や分断状況を明らかにする試みはまだ少なく、その重要性が近年指摘されている。

ダリトも移民に含まれ、彼らがどのようなルートで英領インドを離れたのか、移住先でどのような生活を送っているのか、カースト差別は行われているのかを追究する研究は二〇〇〇年以降から増えてきている。

筆者がインド国外に住むダリトの存在とその影響力に注目したのは、二〇〇八年におけるデリーでの調査だった。バールミーキ（清掃カースト）の集まりに参加させてもらうなかで、イギリスから来ていたグループと出会う。話を聞くと、バーミンガムとロンドン周辺にはバールミーキとほかのダリト移民が多く居住していること、カーストごとにコミュニティの聖者を祀る寺院もあるという。

二〇〇八年の集会は、バールミーキの人びとが崇拝するヴァールミーキ詩聖に関するワークショップだった。そこでは詩聖が作者とされる古代インドの大叙事詩『ラーマーヤナ』の解釈とインド国外への伝承について、研究者や政治家、一般の人びとが熱心に議論していた。

南アジア系移民の歴史

彼らはどのようにしてイギリスへ渡ったのだろうか。まずは、南アジア系移民全体の歴史をみてみよう。

移住パターンは、大きく四つに分けられる。

第一期は、一九世紀のイギリス植民地期である。植民地の開拓に従事する年季契約労働者として、西インド諸島、フィジー、マレー半島に渡り、または徴募され、砂糖生産やプランテーションで働いた。移民の職種は労働者以外に技術者や官吏、商人など多様で出身地域やコミュニティによって異なっていた。

第二期は、一九四七年の独立期と第二次世界大戦後の経済復興によって非熟練労働者の需要が高まったイギリス、アメリカ、カナダ、オーストラリアなどの英語圏先進諸国への移住である。筆者がデリーで出会った人びとと、その後イギリスで調査をするようになったバールミーキの人びとは第二期の人たちが多い。なかには旧イギリス領東アフリカからインドに戻らず、直接イギリスへ移住した人びともいた。

第三期は、一九六〇年代後半以降、高学歴で医師やエンジニアなどの専門職に従事する高度人材の先進諸国への移住である。留学し、卒業後に就職して住み続けるパターンもある。世界的なＩＴ産業の拡大と発展にともない、多くのエンジニアがアメリカなどをめざした。

また第三期と同じ時期に、もう一つの異なる流れもあった。それは一九七〇年代のオイル・マネーによる好景気で大規模開発が進む中東産油国へ向かう非熟練労働者の出稼ぎである。

もちろんこれら以外の移住もあるが、大まかにはこのような変遷を経て、南アジアにルーツを持つ人びとが世界各地に居住している。ここでは、第二期にイギリスへ渡ったダリト移民に焦点を当ててみてみよう。

なお、日本の南アジア系移民の歴史は「日本の南アジア系移民の歴史とその動向」(南埜猛・工藤正子・澤宗則、一九九九年)を参照されたい。貿易港がある横浜と神戸を中心とした商人たちによる在日インド人社会形成の始まりから、一九八〇年代以降の職種と居住地の変化を理解することができる。

イギリスのダリト

イギリスのダリト移民へのインタビューでは、イギリスに定住した人びとが次のような経緯で多いことが確認できた。

まず一九五〇年代に、第一世代(多くが単身男性)が職を求めてインド、東南アジア、東アフリカからイギリスへ渡った。一九六〇年代に入ると、東アフリカ諸国の独立にともない、イギリスへ向かうインド系移民の再移住の動きが起こる。この間に、第一世代は故郷から家族を呼び寄せた。その後、第二、三世代が誕生し、彼ら・彼女たちの結婚によって移住がさらに進んだ。

イギリスでの移住先は、産業都市に集中している。イングランド中部の工業地帯、ウエストミッドランド州(バーミンガム、コヴェントリー、ウルヴァーハンプトン)の他、ロンドン近郊のサウソール、ベッドフォードも有名である。

二〇二一年の国勢調査によると、イギリス（イングランドとウェールズ地域）の人口約五九六〇万人のうち、インド系（約一八六万人、三・一%）、パキスタン系（約一五九万人、二・七%）、バングラデシュ系（約六四万人、一・一%）は計約四〇九万人で、全人口の約六・九%を占める。カースト区分の数値がないためダリトの正確な人口は不明だが、先行研究によれば、ダリト移民は南アジア系の六%から一三%を占めると推測され、約二五万人から五三万人と見積もられる。

そのなかで、主要なダリトのカーストは、ラヴィダーシア（チャマール、「皮革カースト」として知られるコミュニティ。チャマールは蔑称であり、代わりにコミュニティが信仰する聖者ラヴィダースの名前を取り入れて「ラヴィダーシア」を名乗る）とバールミーキである。カーストごとに建設されている寺院の数からみてもこの二つが多勢で、とりわけラヴィダーシアは経済的、政治的影響力の面でほかのダリトより

イギリスのサウソール駅　英語とパンジャービー語のグルムキー文字で表記されている

も抜きん出ている。

出身地をみると、北インド・パンジャーブ州のジャランダルから来た人びとが目立つ。言語はパンジャービー語である。パンジャーブ州はシク教の聖地で、同地域からイギリスへ移住した人びとはシク教徒が多い。移住者のカースト帰属をみると、大きく分けて有力カースト（土地所有層）のジャートとダリトのラヴィダーシアとバールミーキ、そのほかのカースト集団に分けられるようだ。

カースト別の寺院

カースト間の力関係は、宗教施設（寺院）の建設時期と建物の大きさにはっきりと表れている。寺院建設はジャートがもっとも早く、一九五〇年代から始まったとされる。続いて、ラヴィダーシアが一九六〇年代後半から、バールミーキはさらに一〇年ほど遅れて七〇年代後半から寺院建設を始めた。境内の中心部に、コミュニティが信奉する聖者の肖像と独自に採用している聖典が安置されている。

バーミンガム在住の移民第二世代、N・シン（仮名、男性、六〇代）はカースト別の寺院ができた経緯について、次のように語る。

移民してきた頃〔一九五〇年代〕は、街にグルドワーラー〔シク教の寺院〕はひとつしかなかった。その頃はカーストの出身も関係なく、みんな助けあって暮らしていた。でもしばらくして、コミュニティが大きくなってから〔一九七〇年代〕、それぞれのカーストごとにお寺を建てることになった。

この話から、移民の数が増えるにつれて、カースト意識が強まったことがみえてくる。ケニア生まれのシンの父親はイギリス植民地期にインドからケニアに移住し、その後、イギリスのバーミンガムに再移住した。

移住先のカースト別寺院が果たす機能は、宗教関連にとどまらない。移住者たちの生活を支える拠点としても重要な位置を占めているようだ。多宗教社会と呼ばれる南アジアの人びとは、誕生から死まで数多くの通過儀礼を行う。そのため寺院内の掲示板には、各儀式の申し込みや手続き情報の案内が貼られている。そのなかでももっとも多いのが結婚についての情報だ。すでに決まっている結婚式の予定表だけでなく、結婚相手探しの相談受付などのチラシも貼られている。

そのほかにイギリスでの生活を支援する情報共有も行われている。たとえば、コンピュータの基礎を学ぶ無料のコース、英語レッスン、コミュニティの親睦を深める週末の小旅行ツアーなどがある。こうした情報を提供する寺院の存在は、イギリスに来たばかりの新移民を助けるだけでなく、英語を話せない人びと、とくに高齢者たちにも安心して集まることができる居場所を提供している。そのため寺院の近くに集住する傾向もある。

差別的なカースト慣習は残るか

差別的なカースト慣習は移住先でもあるのだろうか。

筆者がバーミンガムで行っている聞き取り調査によると、「あからさまな差別行為はいまはみられないが、以前は……」という回答を頻繁に聞いた。

過去のこととして語られるのは、店で買い物をしたときに、接触を避けるためにお釣りを手渡しではなくカウンターに置いて渡されたこと、工場でダリトが使う水道を他の従業員が使わないこと、ダリトの寺院の礼拝後にふるまわれるランガル（食事）をダリト以外の人びとは食べないこと、上位カーストとの恋愛・結婚への反発や暴力が生じていることなどを挙げている。これらのうち、結婚については、現在も変わっていないという指摘も多く聞いた。

先のN・シンはイギリスでの差別経験について、次のように説明する。

カースト主義〔Casteism〕はインド人社会で行われています。イギリス人によってではありません。私たちは学校生活や就職、寺院、結婚の場面で上位カーストの人びとから排除されているのです。

先述したように、イギリスのインド系移民が居住する地域は、工業地帯として発展してきたイングランド中部に集中していた。移民の子どもたちが通う学校はインド系移民で共通している。工場労働者の就業機会は移民のネットワークを通じて得られるものに限られている。カースト差別は、そのような閉鎖的な移民社会で日常的に続いていたことが推察される。

差異を超えられるか

移住先でも続く被差別的な扱いに、ダリトの移民たちは沈黙を拒否した。先述した二〇〇一年のダーバン会議の後、欧米諸国に居住するダリトの移民たちと彼らを支援する南アジア系移民は結束力を高めて、各地でダリトの権利を訴える国際的な集まりを組織していった。二〇一〇年に入ると、各国の立法府にもカースト差別の問題を投げかけた。彼らの訴えを受けてイギリスでは、現行の平等法（Equality Act 2010）はカースト差別からの保護と取り締まりを行っていないとして、人種に並ぶものとしてカーストの項目を同法に盛り込む決議が採択された。二〇一三年には欧州議会でもカースト差別に関する決議が行われた。

しかし、これらに対してイギリス国内の南アジア系移民、とくにインド系から強い反発があった。また、二〇一八年にイギリス政府が行った公開協議では、平等法にカーストの項目を追加することに反対する結論が出され、立法化には至っていない。

この問題をきっかけに、移民社会におけるカースト問題は広く周知されることになった。イギリスの状況をみると、平等法の改正を求める運動は続き、この問題をきっかけにカーストの差異を超えてダリト移民の連帯も試みられている。

同様の動きはイギリス以外に他国でも顕在化し移民社会を超えて議論を引き起こしている。新移民の多いアメリカで、ＩＴ企業へのカースト差別訴訟が次々と進行していることはその証左といえるだろう。

第3章　清掃カーストたちの現在——社会的最下層の実態

ダリトのなかでも清掃カーストは、最下層に位置づけられ、厳しい差別を受けてきた。清掃カーストは、主に清掃業、屎尿《しにょう》処理、下水清掃などを生業にしている。しかし、必ずしもすべての清掃カースト出身者が、清掃業に就いているわけではない。傾向として清掃員に清掃カースト出身者が多いということだ。清掃カーストのサブ・カースト集団（一一五頁）を合わせると、インド内に約一四六九万人いると推定される（二〇一一年国勢調査）。

では、いつ頃から、どのようにして清掃カーストと呼ばれる被差別集団が現れたのだろうか。不可触民とされる人びとが存在し、不浄視される清掃職を強いられたのか、あるいは、清掃に従事していた人びとが、のちに不可触視されるようになったのか。

カースト内部の人口比，1961～2011年

1991		2001		2011	
367, 303	94. 81%	500, 221	96. 67%	577, 281	97. 25%
15, 277	3. 94%	12, 773	2. 47%	11, 665	1. 97%
2, 854	0. 74%	2, 567	0. 50%	1, 638	0. 28%
1, 802	0. 47%	1, 814	0. 35%	2, 829	0. 48%
192	0. 05%	85	0. 02%	167	0. 03%
387, 428		517, 460		593, 580	

筆者作成

1　地域差と多くの名称――「バールミーキ」へ

起　源――近代以降か

清掃カーストの起源については先行研究もあるが、実証性に欠け、解明されていない点が多い。古代の賤民階層チャンダーラや、アーリヤ人によって征服された先住の部族民とする説があるが、これは先述した不可触民全体の起源説と重なる。どのようにして、そうした集団のなかから清掃に従事する集団が別個に現れたのか。それについてはいまなお不明である。

起源自体は新しく、近代に現れたとする見方もある。イギリス植民地下で都市自治体が発展したことにともない、屎尿処理を必要とする汲み取り式の便所、具体的には乾式便所（dry latrine と呼ばれる）が増設され、それによって屎尿処理をする集団が形成された可能性を指摘する研究もある。

屎尿処理を担うカーストは、その地域に暮らしていた土着の

3-1　デリーにおける清掃カーストの人口推移と清掃

年	1961		1971		1981	
チューラー／バールミーキ	52, 743	67. 97%	107, 680	79. 57%	222, 638	89. 54%
バンギー	21, 637	27. 89%	24, 720	18. 27%	21, 752	8. 75%
チョーラー	3, 088	3. 98%	2, 551	1. 89%	3, 272	1. 32%
マジュハビー	107	0. 14%	338	0. 25%	858	0. 35%
ラールベーギー	28	0. 04%	36	0. 03%	134	0. 05%
合計	77, 603		135, 325		248, 654	

出典：Government of India, *Census of India* 1961; 1971; 1981; 1991; 2001; 2011より

カースト、移住してきたカーストなどさまざまである。

デリーの場合、一九世紀後半から二〇世紀初めにかけては土着の「メーヘタル」と呼ばれるカーストが占めていた。その後、近隣のパンジャーブ州の農村から移住してきた「チューラー」、のちに「バールミーキ」に改称するカーストがデリー自治体の清掃部門を圧倒的に占める。このことは歴史研究で実証されている。

チューラーは、もともと土地なしの農業労働者で、村の通りの掃除、牛やその他の動物の死骸の除去とその皮剝ぎなどを生業にしていた。イギリス植民地政府が自治体の清掃業務を特定のカースト、つまりはチューラーに担わせたことで、チューラーが清掃カーストとみなされるようになったのではないかとの推測である。

3-1は、デリーにおける清掃カーストで括られるさまざまなカーストの人口推移（一九六一〜二〇一一年の国勢調査）である。数値からも、チューラー（バールミーキ）の割合が圧倒的

に高いことがわかる。

他方、北インドの代表的な清掃カーストとされてきた「バンギー」は大きく減少している。減少の要因を特定するデータを得ていないが、非農業の雇用機会が見込める首都デリーを離れて他の地域へ移住する積極的な理由は考えにくい。筆者による推定だが、バンギーは差別表現でもあった。そのため彼らはチューラーから改称した名称バールミーキに改めた可能性である。これについては、今後の調査で明らかにしていきたい。

さまざまなカースト名称

カースト内部の多様性を理解するために、もう少し詳しくみていこう。
清掃カーストは、インドの広範囲に分布している。カーストのなかの区分を「サブ・カースト」と呼ぶが、そこには先に挙げたチューラー、バンギーなどがある。清掃カーストはこうした多数のサブ・カーストから成り、地域ごとに種々の名称で知られる。それらをまとめたのが3-2である
おおむね南インドよりも北インドに清掃カーストの名称が豊富にある。ここからは、南インドの清掃カーストは、土着のカーストではなく、北インドをはじめとする他地域から移住してきた可能性が考えられる。サブ・カースト名が多くある州は、カーストの細分化や統合

3-2　清掃カーストのサブ・カースト名称

州／連邦直轄地	名　称
ジャンムー・カシュミール	Chohra (Chuhra), Doom
ヒマーチャル・プラデーシュ	Chohra(Chuhra), Doom, Dumme (Bhanjra)
パンジャーブ	Lalbegi, Chuhra, Valmiki, Doom
ハリヤーナー	Balmiki, Chura, Bhangi, Mazhabi
デリー	Bhangi, Balmiki, Chuhra (Chohra), Lalbegi, Mazhabi
ラージャスターン	Bhangi, Mehtar, Chuhra, Valmiki, Lal begi
ウッタル・プラデーシュ	Balmiki, Dhanuk, Lalbegi
ビハール	Mehtar, Halal Khor, Bhangi, Lalbegi
アッサム	Mehtar, Bhangi, Lalbegi
西ベンガル	Hari, Hadi, Lalbegi, Mehtar
オディシャー（オリッサ）	Mehtar, Bhangi, Valmiki, Madiga
マディヤ・プラデーシュ	Mehtar, Bhangi
グジャラート	Bhangi, Halalkor, Hela, Barwashia
マハーラーシュトラ	Ghare, Bhangi, Mehtar
アーンドラ・プラデーシュ	Bhangi, Madiga, Chachati, Mehtar, Paky
カルナータカ	Madiga
ケーララ	Madiga
タミル・ナードゥ	Thoti

出典：Syamlal 1992; Singh 1995; 基に筆者作成

の結果、カースト構成が複雑化していると推測することもできよう。なお、サブ・カーストのあいだでは社会的、経済的、被差別の状況に違いもあり、均質ではない。

北インドでは、バンギー、チューラー、バールミーキの名称が一般的だが、先述したようにバンギーとチューラーについては清掃カースト側からとくに差別的表現だと反発がある。

インドでは、一九八九年に成立し二〇〇六年に改正された「指定カーストおよび指定部族（残虐行為防止）法」で、罰則対象のなかに「指定カーストまたは指定部族の構成員を公衆の面前でカースト名を罵ること」を規定している。意図的に侮辱し、屈辱を与えるためにカースト名を使用することは法律でも規制しているのだ。

この法律の施行後、指定カーストから皮革カーストを指す「チャマール」、洗濯カーストを指す「ドービー」も差別的名称で公の場で使用すべきでないとの訴えがあり、それを認める判決も下されている。

関連して言えば、政治家の発言も問題になることがある。一九九二年、当時のナラシンハ・ラーオ首相が、独立記念日のスピーチで「バンギー」と発言したことで、国会議員やデリーの清掃カーストから大きな反発と抗議を受けた。抗議のデモは数日間続いた。

今日ではそうしたカースト名の代わりに、清掃カーストの総称であるバールミーキが定着している。とくに北インドや欧米に移住したチューラーでは浸透している。バールミーキという名称の由来はヒンドゥー教の大叙事詩『ラーマーヤナ』の作者とされ伝説上の聖者であるヴァールミーキである（なお、ヴァールミーキをパンジャーブ語で発音したバールミーキの名称がデリーで浸透している）。その出自については、バラモン、下位カースト、山賊などさまざまな説がある。

では、次にイギリス植民地時代に作成された民族誌報告書と先行研究に依拠しながら、デリーの代表的な清掃カーストについて歴史的経緯と現状を述べておきたい。さまざまな清掃カーストがいることがわかるだろう。

・バンギー／Bhangi

北・西インドの清掃カーストは、先述したバンギーのカースト名で広く知られている。バンギーはサンスクリット語の「バーング」（大麻の意味）に由来し、大麻を摂取するコミュニティの慣習を指しているとも言われる。

バンギーは、もともと農村部で土地を持たず農作業に従事していた者や、有力者の家屋や通りの清掃、竹細工などの雑務に従事していた。とくに農民の場合、雇用主から借金をして、返済のために隷属的労働を強いられている場合が多かった。

イギリス植民地期に入ると、バンギーは都市部の自治体や軍宿舎の清掃職員として雇用される。彼らは北インドに集中し、デリー、グジャラート州、ラージャスターン州、アッサム州、マハーラーシュトラ州に多く分布していた。なお、バンギー以外にもその地域独自の名前で知られることもあった。

・チューラー／Chuhra, Chohra

実はチューラーは、バンギーのサブ・カーストである。

もともと彼らは、バーラー・シャー、あるいはバーラー・シャー・ヌーリー（Bala Shah Nuri）というイスラーム教徒名の聖者を信仰していたが、一九世紀末から二〇世紀初頭にかけてヒンドゥー教のヴァールミーキ聖者崇拝の影響力が強まった。この背景には、二〇世紀初めの北インドで拡大したヒンドゥー教社会宗教改革運動の団体アーリヤ・サマージによる不可触民の再改宗運動（シュッディ）がある。

一九世紀後半以降、イギリスによる植民地支配が本格化するにつれて、キリスト教の価値観がインド社会の慣習、制度に影響を及ぼし始める。とくに不可触民にはキリスト教宣教師団による教育や福祉活動が行われ、この動きに対抗して展開されたのがアーリヤ・サマージをはじめとした復古的なヒンドゥー教団体の運動だった（第2章に詳述）。一九三〇年代までには、チューラーの人びとは自らのカースト名をバールミーキと名乗るようになる。この背景には、アーリヤ・サマージによる不可触民（チューラー・カースト）をヒンドゥー教に取り込もうとする再改宗運動があった。他宗教へ改宗する動きを阻止するためにヒンドゥー教の聖者ヴァールミーキとのつながりを訴えたのである。

チューラーの義務とされた仕事は、不可触民に特有とされるものばかりだ。それは、以下五つに集約できる。①村の家の周囲と通りの清掃、②牛など動物の死骸の除去とその皮剥ぎ、③生き倒れの人の死体処理、④トイレの排泄物の運搬作業、⑤脱穀のときに使用するもみ殻の吹き上げ機や牛車の覆いにする草編み作りなどである。

バンギーのサブ・カーストである彼らは、農村部での農業従事者も多かった。彼らには収穫時に生産物のなかから一定の比率で慣習的に穀物が与えられていた。しかし、それだけでは生存することはできず、地主の残飯をもらい受けたり、自然死した動物の死肉を食べていた。

都市部では、清掃で与えられるわずかな賃金の足しに残飯も与えられた。残飯をもらう慣習は、不可触民制特有のものでもある。清掃カースト出身の作家オームプラカーシュ・ヴァールミーキ（一九五〇～二〇一三）は、幼少期の差別体験をテーマにした自伝のタイトルを『残飯』（*Joothan*）としている。

・マジュハビー／Mazhabi

マジュハビーは、シク教に改宗したチューラーたちの名称である。改宗後は正統派シク（ケーシュダーリー）の習慣を取り入れた。

シク教は、北西部のパンジャーブ地域でナーナク（一四六九～一五三八）を開祖とするインドで生まれた宗教である。ヒンドゥー教とイスラーム教とを批判的に結合し、カースト制を教義で否定し平等思想を説く。信者数はインド全体で現在約二〇八三万人で二％に満たないが、パンジャーブ州では人口の約六〇%を占める。イギリス植民地時代から軍隊で重用され、また海外移住者が多い。

マジュハビーは、糞尿の下肥運びは拒否したが、チューラーが伝統的に従事してきたその他の仕事については行っている。マジュハビーとは、アラビア語で「敬虔な」を意味するマズハブ（Mazhab）に由来する。ただし、マジュハビー以外のシク教徒との交流は限られ、かつては寺院の立ち入りを許されなかった。ヒンドゥー教に限らず、カースト差別が実際に存在する一例である。

・ラールベーギー／Lalbegi
出身地はラージャスターン州の清掃カースト。その後西ベンガル州、ビハール州、ウッタル・プラデーシュ州など北インドの都市部へ移住した。カースト名はラールベーグ（Lalbeg）聖者を信仰していることに由来する。

・メーヘタル／Mehtar
メーヘタルは北インドから南インドに移住し、都市部の自治体で雇用されている清掃カーストである。カースト名は、ペルシア語で「君主、王子」の意味で、古い世代ほどイスラーム教に改宗した者が多い。

・バールミーキ／Balmiki, Valmiki

ここまで紹介したバンギー、チューラー、ラールベーギー、メーヘタルなどに属していた集団が、ヴァールミーキ聖者信仰を共有することで結集して改称した清掃カーストたちの名称である。

ヴァールミーキ自身は、下位カースト出身とも言われ、彼の輝かしい遺産を受け継ぐという意味から清掃カーストの肯定的なアイデンティティとなっている。現在、バンギーやチューラーというカースト名が忌避される一方で、多くの清掃カーストが自尊心の回復を求めてバールミーキを自称し始めている。こうした傾向は、デリーでも確認できる。

ヴァールミーキ聖者信仰は、デリーの他にハリヤーナー州、パンジャーブ州、ウッタル・プラデーシュ州に広がるが、南インドの清掃カーストにはほとんど浸透していない。海外では、パンジャーブ地域からの移住者が多い欧米でヴァールミーキ聖者信仰が活発にみられる。イギリスにはヴァールミーキを祀る寺院が各地に設立されている。

ダリトの伝統的職業

ダリトの職業には二つの特徴がある。それは、死と、人間、動物、自然界からの廃棄物に関わっていることだ。

ヒンドゥー教では、死は非常に不吉とされている。訃報《ふほう》を伝える使者や葬儀での楽隊、動物の屍体処理などのような死という場に関わる職業はダリトに限られてきた。職業と身分意識は密接に関係している。

生命活動によって発生する排出物、廃棄物、血液との接触が避けられない職種もダリトが担ってきた。ここには、清掃、洗濯、出産などが含まれる。そのなかでもっとも蔑視《べっし》されるのが、下水道に直結していない乾式便所（汲み取り式便所）を清掃する屎尿処理の作業だ。十分な清掃用具も与えられず、その労働環境は大変に過酷で不衛生であり、従事者の健康にも甚大な被害をもたらす。

清掃カーストの社会的地位が低い背景には、こうしたヒンドゥー教の浄・不浄の観念のもとで発達した身分意識がある。この観念は、各カーストと特定の伝統的職業とも密接に結びついている。それゆえ清掃カーストはダリトのなかでも最下層に位置づけられている。

そのような屎尿処理人の厳しい労働環境は、不可触民制を象徴するものだ。これを受けて、人権侵害という観点から、手作業による屎尿処理と乾式便所を禁止する「手作業の屎尿処理

乾式便所を清掃する女性（上）／ムンバイの下水清掃人（下）
写真家／スダラク・オールウェー氏より寄贈

人の雇用と乾式便所の建設禁止法」（一九九三年）が成立している。

屎尿処理だけでなく、マンホールや下水清掃の問題もある。インド社会での下水清掃人は、ダリト出身者である。下水清掃人は日雇いで、防護マスクなどの最低限の装備も与えられない。降雨量が増す六～九月のモンスーン期には、未整備の下水道から汚物を人力で清掃する多くの清掃人たちがマンホールのなかで命を落としている。過去一〇年間で一八〇〇人近くの下水処理人が作業中に窒息死したというNGOの報告もある。

長らく屎尿処理や下水清掃は人力に依存してきたが、ダリト出身の活動家たちによる運動を通じてその問題が社会的に認知されるようになってきた。海外の人権機関もそうした運動組織に資金援助を行っている。

なお、コラム③「映画のなかのカースト」で取り上げるインド映画『裁き』（二〇一五年）は下水清掃人の死から物語が始まる。

モーディー政権下の環境キャンペーン

二〇一四年五月に政権に就いたナレーンドラ・モーディーが前面に打ち出しているプロジェクトに、「クリーン・インディア」という環境キャンペーンがある。

二〇一四年一〇月に始まり、一九年一〇月のガーンディー生誕一五〇周年までに、屋外での排泄慣行を撲滅させることなどを目標に掲げる。具体的には一億二〇〇〇万基のトイレ設置や公衆トイレの整備・普及である。

二〇一九年からは第二段階として一〇年の戦略を発表した。第一段階が屋外での排泄慣行の撲滅を目標としたが、二〇一九～二九年は、農村部の固形・液体廃棄物の管理として、プラスチックや有機廃棄物などの適切な処理を目標に掲げ、約一・四兆ルピー（二・五兆円）の予算を割り当てている。

二〇一一年の国勢調査によれば、インド全体でトイレを持たない世帯は五三・一%（二〇〇一年は六三・六%）と半数を占めている。都市では一八・六%、農村では六九・三%と大きな格差もある。農村部での野外排泄が常態化しているのは、ヒンドゥー教が排泄物を不浄とみなすからで、家のなかにトイレを作ることが敬遠されているからだ。

二〇一七年に公開されたインド映画『トイレ——ある愛の物語』（Toilet: Ek Prem Katha）は野外排泄を余儀なくされている女性たちの困難な状況を描き話題になった。こうした問題が大きく取り上げられることは、モーディー政権以前にはほとんどなく、クリーン・インディアは評価されてよい。

しかし、クリーン・インディアの本当の狙いは、国内外の投資家への衛生改善のアピールや、ダリトからの支持を得るための政治パフォーマンスにすぎないという指摘もある。いまだ多くの屎尿処理人や下水清掃人が慢性的に患《わずら》い、作業中に命を落としている。クリーン・インディアをはじめとする公衆衛生政策は、インド社会の根本に関わるカースト問題の克服という視点が欠けている。

2 彼らのなかの格差——指定カーストと進学率

教育機会

ここまで不可触民の歴史から、イギリス植民地支配の影響、地域的多様性、さらに清掃カーストに焦点を当てて、サブ・カーストとしてさまざまなカーストがあることを論じてきた。ここからは、とくに教育とカーストの関係をみていく。

ダリトのなかにも多くのカーストが存在することはこれまで述べてきたが、カースト間に格差があることはあまり知られていない。

まずは基礎データとなる国勢調査を参照しながら、デリーの主要な指定カースト集団と清掃カースト（バールミーキ）の教育およびカースト的職業（清掃）とのつながりをみてみよう。ここからは、清掃カーストの社会・経済的立場が他のダリトカーストと比べて、厳しい状況に置かれていることがわかるはずだ。

ダリトは、教育を受ける機会を奪われてきた。学校に入れてもらえない、教室に入っても他の生徒と同じ椅子に座ることを許されず、最後尾の床に座らせられる、教師からの嫌がらせや学校の水道水を飲むことが許されない、ダリトの児童だけに掃除をさせるといったエピソードは、ダリトたちが自伝などで頻繁に記している。

独立後、インド憲法によって制度上すべてのインド国民に教育を受ける機会が保障されている。先述のような露骨な差別行為は徐々に撤廃されていったが、完全になくなったわけではない。独立後インドが指定カースト政策でもっとも力を入れた分野の一つが教育だった。その効果は第1章1－3でみたように成果を上げている。

指定カーストの識字率は、一貫して上昇傾向であり、全人口との差も縮小している。一九九一年は一四・八ポイント、二〇〇一年は一〇・一ポイント、二〇一一年には六・九ポイントの差まで縮まっている。

次にデリーの状況を通して細部をみていこう。

インドの高等教育の入学試験では、一般枠とは別に、指定カースト出身者のみを対象に合格点が一般枠より低く設定された留保枠が設けられている。インドは「雇用なき成長」と言われるほど、就職難が慢性化しているが、指定カースト出身の学生は留保枠に入れるか否かが、学歴と卒業後のキャリア形成に大きく影響する。そのため各指定カーストの大学院以上

3-3　デリーの主要な指定カーストの識字率推移，2001と11年

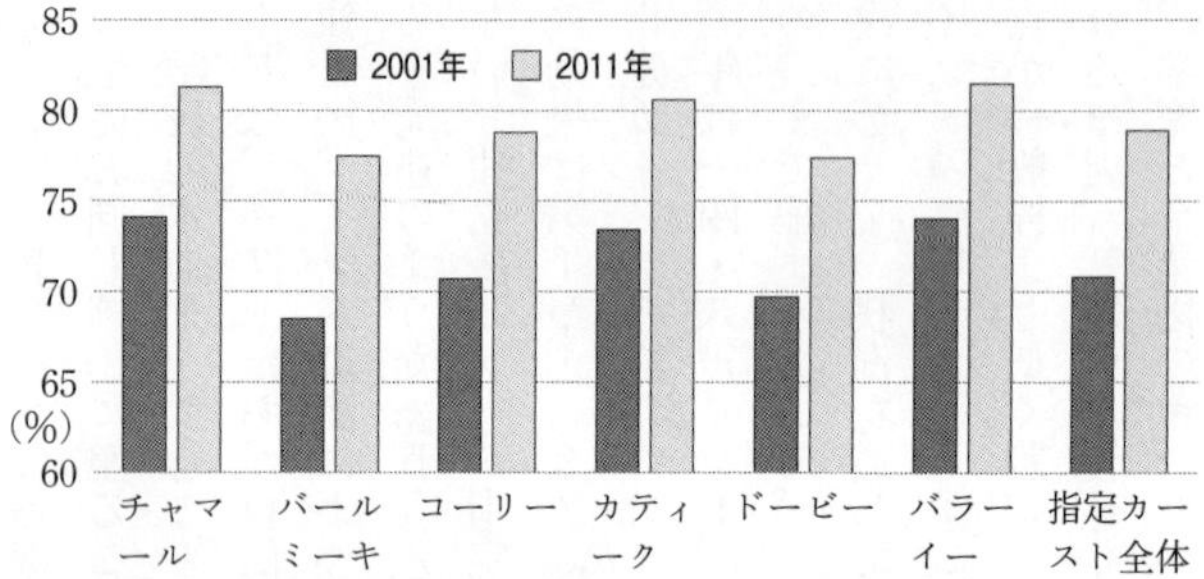

出典：Government of India, *Census of India, 2001, 2011*より筆者作成

の学歴保有率に注目することは、教育だけでなく、密接に関連する就業機会での各指定カースト間の格差を把握するうえで重要な指標でもある。

3-3は、デリーの主要な指定カーストの識字率の推移を人口の多い六つのカースト集団別に比較したものである。二〇一一年では、清掃カーストのバールミーキは七七・五%、洗濯カーストで知られるドービーは七七・四%、農業カーストのコーリーは七八・八%で、平均値七八・九%を若干下回る。一方、他の三集団は平均値を超えており、指定カースト内部に格差のあることがわかる。

高等教育では縮まらない

政府による全体的な教育水準の底上げにより、識字率には著しいカースト間格差はみられない。しかし、対照的に大きな格差があるのが高等教育である。

現在のインドで待遇のよい安定した職に就くためには、

3-4　デリーの主要な指定カースト別大学院以上の割合，2001と11年

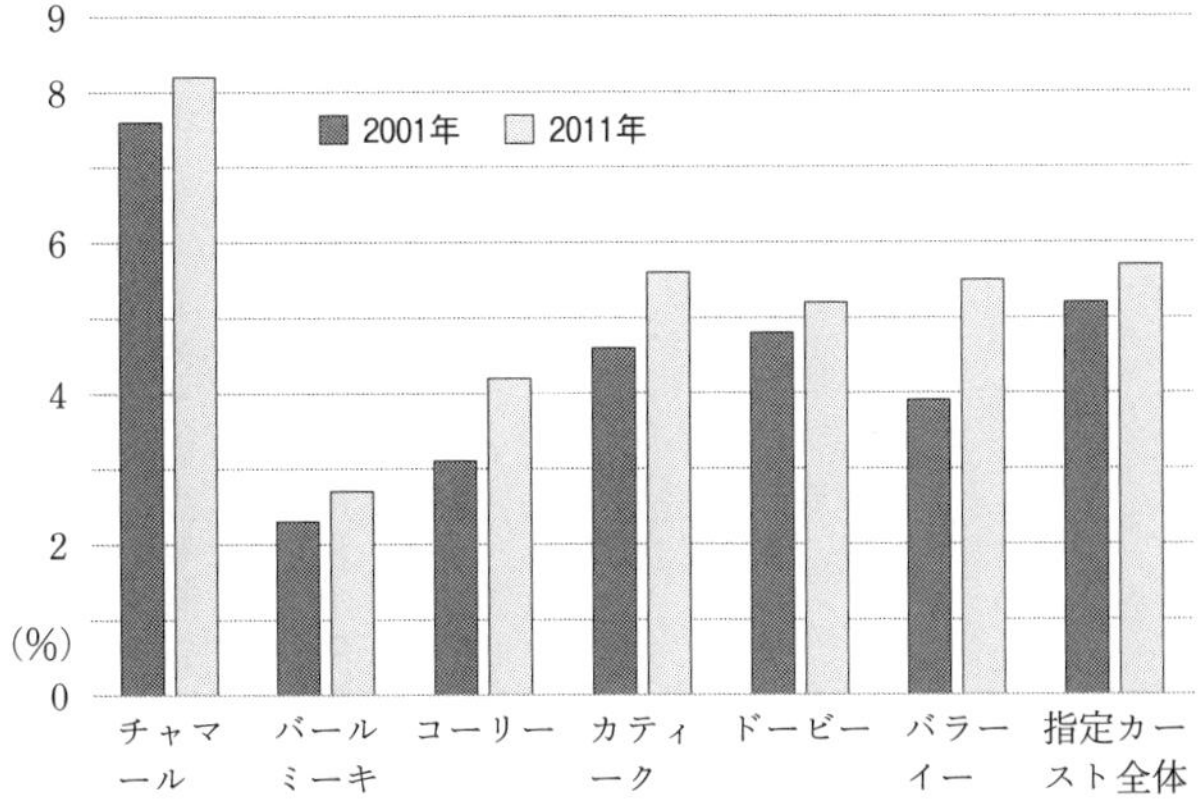

出典：Government of India, *Census of India, 2001, 2011*より筆者作成

最低でも大学レベル、あるいは大学院修士の学歴が必須となっている。

3-4は、大学院以上の教育課程修了者の割合である。3-3でみた識字率の状況と比べて、著しい格差があることがわかる。識字率でもっとも高い数字を示した皮革カーストであるチャマールは八・二%と突出して高い。指定カースト留保枠の機会を他の指定カーストよりも獲得できていることが推測される。

他方、バールミーキは人口規模がチャマールに次ぐ第二位だが、最下位で停滞している。興味深いのは、二〇〇一年から一〇年間に、織工カーストであるバラーイーの上昇が一・六ポイントともっとも高く、大学院進学率が相対的に高まっていることだ。

このようにカースト間での発展度合いが異

なることから、一括りに指定カーストとして留保枠を維持してきた問題、つまり一部のカーストが留保枠の恩恵を独占してきたという批判について、検討する必要があるだろう。

次に清掃カースト内での高等教育の状況にも着目しておきたい。代表的な五つのカースト――バールミーキ、バンギー、チョーラー、マジュハビー、ラールベーギー――の各カーストに占める大学院以上の学歴保有者の割合を示したのが3-5である。人口比で最大のバールミーキは二・七%と平均値だが、興味深いのはマジュハビーの九・〇六%とラールベーギーの一一・四%という高い数値である。

マジュハビーは、先述したようにシク教に改宗したチューラーだ。ヒンドゥー教とシク教という宗教的違いが、教育発展に何らかの影響を与えるかについては明らかではない。改宗は、ダリト差別を克服する戦略の一つである。ダリトが個人あるいは集団でヒンドゥー教から仏教、キリスト教、シク教などの他の宗教へ改宗することは実践されてきた。しかし、改宗後の地位や差別的状況が改宗前と比べて劇的に改善する可能性は、きわめて厳しいのが現状だ。

ラールベーギーは、デリーでの全人口が一六七名と非常に少なく、そのうち一九名（男一三名、女六名）が大学院以上の学歴を回答している。

マジュハビーとラールベーギーの二つのダリトカーストは、二〇〇一年の調査でも同様に

3-5　デリーにおける清掃カーストの大学院以上の割合，2011年

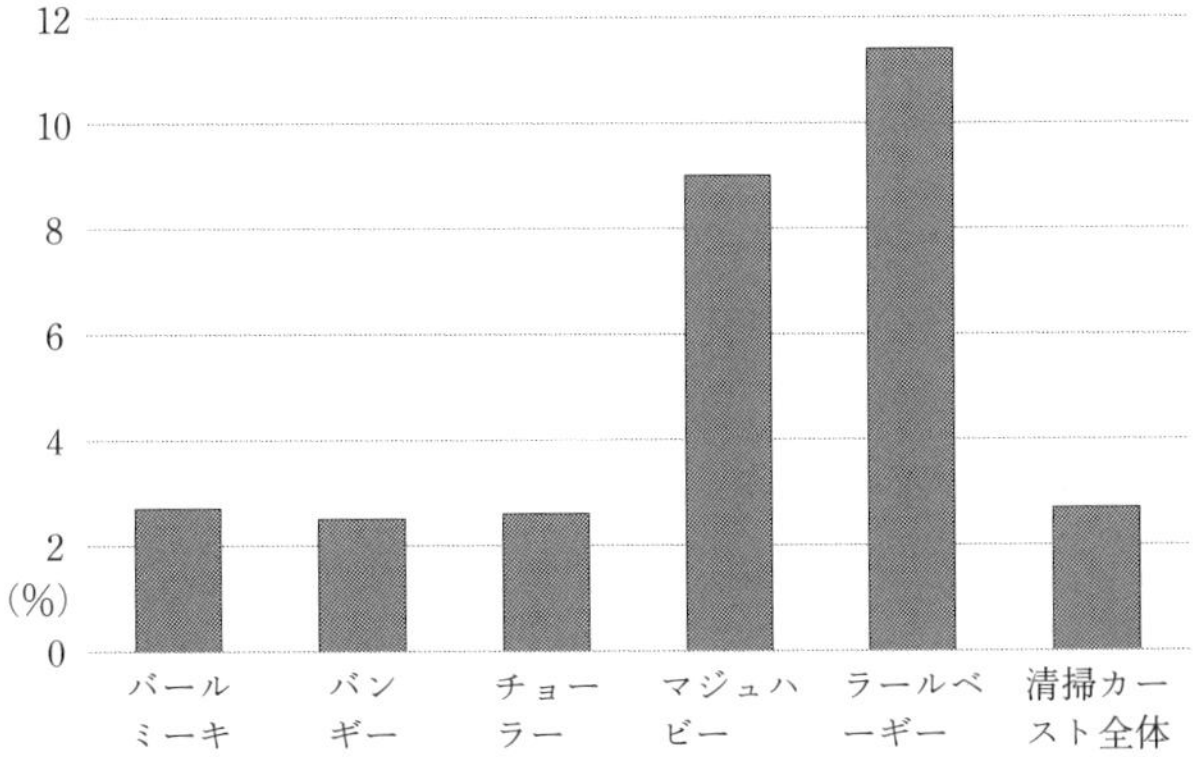

出典：Government of India, *Census of India, 2011*より筆者作成

高い数値を示し、その傾向は一〇年後も変わっていない。教育を促進する要因は宗教なのか、あるいはコミュニティ独自の支援なのか、さらなる調査が必要だろう。

参考までに、デリーの清掃カーストとその他の主要な指定カーストについて、宗教別人口と割合を次頁の3-6で掲げる。

指定カースト全人口二八一万二三〇九人のうち、ヒンドゥー教徒が九八・八八%を占める。そのなかでも五五六四人の仏教徒が目を引く。このなかでチャマールの割合が高いのは、彼らがダリト運動の指導者アンベードカルの強い影響を受けていることを示唆する。アンベードカルは死の直前にヒンドゥー教から仏教に改宗し、それが運動として広まった。国勢調査によればデリーの仏教信仰をみる限り、信者は特定のカーストに大きく偏っ

定／清掃カーストの宗教人口，各カースト内の人口比，2011年

ヒンドゥー教		シク教		仏　教	
1, 067, 385	99. 24%	3, 558	0. 33%	4, 626	0. 43%
98, 212	99. 95%	32	0. 03%	20	0. 02%
177, 472	99. 89%	189	0. 11%	14	0. 01%
197, 849	99. 86%	211	0. 11%	64	0. 03%
198, 282	99. 84%	220	0. 11%	92	0. 05%
576, 882	99. 93%	266	0. 05%	133	0. 02%
11, 650	99. 87%	15	0. 13%	0	0. 00%
1, 636	99. 88%	2	0. 12%	0	0. 00%
167	100. 00%	0	0. 00%	0	0. 00%
363	12. 83%	2, 466	87. 17%	0	0. 00%
2, 780, 811	98. 88%	25, 934	0. 92%	5, 564	0. 20%

India, 2011: SC-14 Scheduled Caste Population By Religious Community(States/UTs)

ている。改宗運動の浸透には地域差、カースト差があるようだ。

なお、インドの仏教徒は「改宗仏教徒」「新仏教徒」と呼ばれることが多い。こうした呼称はインド国外の仏教徒と区別することで差別を生み出しているという批判もある。

3　変わるカースト的職業
——清掃と皮なめしの比較

強化される伝統的職業との結びつき

カーストと職業の結びつきは、独立以降の産業構造の変化や村落共同体の衰退によって緩和される傾向にある。清掃カースト出身者であっても、すべての成員が清掃業に従事しているわけではない。

3-6　デリーにおける主要指

	カースト名	全宗教人口
主要指定カースト	チャマール	1,075,569
	バラーイー	98,264
	ドービー	177,675
	カティーク	198,124
	コーリー	198,594
清掃カースト	チューラー（バールミーキ）	577,281
	バンギー	11,665
	チョーラー	1,638
	ラールベーギー	167
	マジュハビー	2,829
カースト全体		2,812,309

出典：Government of India, *Census of*
より筆者作成

教育の普及や他地域への移住、異業種での就業機会を得ることで、清掃業から離れる人びともいる。

　しかし、清掃カーストの場合、多くの先行研究が明らかにしているように、他のダリトカーストと比べて職業との結びつきがむしろ強化している。その原因には、急速な都市化による清掃業への需要の急増、清掃カースト出身者が他の分野で仕事を得られる機会が十分でないことなどが考えられる。

　現在でも自治体の清掃部門、オフィスや個人家屋に毎日通う清掃人として雇用されているのは清掃カースト出身者であることが多い。

　インド憲法は、基本権のなかで、法律の前の平等（第一四条）を規定し、カーストを理由とする差別を明確に禁止し（第一五条）、公務への雇用における機会均等（第一六条）ではカーストの他に宗教、人種、性別、家柄、出生地、居住地などを理由として官職への雇用または任命について不適格としないように規定している。

さらに、不可触民制に由来する奴隷的労働慣行を含めたいかなる慣行（第一七条）も禁止している。

とりわけ、ダリト差別を象徴する不衛生な職業として問題視されてきた清掃や皮なめしに従事する人びとに対して、政府は指定カースト全体の福祉政策とは別個に教育・経済的な支援を行ってきた。土地所有の再分配など根本的な構造改革が進まず、民間での正規雇用も進まないなか、ダリトの社会的・経済的上昇は、政府の支援策をいかにして獲得できるかに大きく委ねられていると言ってもよい。

このような状況下、ダリトの職業移動の可能性は、3-4で確認した高等教育の学歴保有者の割合と密接に連動していると思われる。実際、識字率および高等教育の数値でもっとも高かった皮革カーストのチャマールは、バールミーキよりも圧倒的に早い段階で皮なめし業から脱し、他の産業へ進出している状況は統計から明らかだ。

清掃カースト内の変化

ここでは、清掃カーストと清掃業の結びつきについて、西インド・グジャラート州の事例から考察した篠田隆の分析手法を参考にしつつ、デリーの状況を具体的に検討したい。

一九六一年と八一年の国勢調査では、各指定カースト集団の「清掃」と「皮なめし」の就業人口が集計されている（一九八一年以降は実施していない）。どちらもダリトに特有の職業であり、就業人口やカースト構成の推移は各カーストの社会移動を知るうえでも重要な手掛かりとなる。以下、次頁の3－7と3－8で年代別に比較してみよう。

まず清掃の就業人口からみていこう。一九六一年の清掃就業全人口は一万二八〇四人だったが、二〇年後の八一年には四万八三〇四人と約四倍になっている。清掃職の需要が高まり、雇用も増加したことがうかがえる。

清掃就業者のカースト構成をみてみよう。次頁の3－9は一九六一年と八一年の清掃就業者に占めるカースト構成をまとめたものである。

一九六一年のカースト別内訳をみると、バールミーキが六〇・〇%、バンギーが二六・九%、チョーラーが三・一%で、清掃カースト出身者だけで九〇%に達する。さらにこれら三つのカーストについて、各カースト内部の全就業者数における清掃従事者の比率は、二・二〜二・六人に一人という高い割合であることがわかる。

では、二〇年後はどのように変化したのか。一九八一年の状況を整理した3－8からは、清掃就業者が依然として清掃カースト出身者によって「独占」されていることがわかる。

その一方で、清掃カースト内部のカースト構成には興味深い変化も生まれている。

この二〇年間で全清掃就業者数のうち、バールミーキの割合は六〇・〇%から八五・三%

3-7 デリーにおける清掃と皮なめしの就業人口，1961年

指定カースト	清掃			皮なめし		
	就業人口	就業者内比率	カースト内比率	就業人口	就業者内比率	カースト内比率
チャマール	138	1.1%	0.3%	123	12.7%	0.3%
チューラー（バールミーキ）	**7,676**	**60.0%**	**43.2%**	**586**	**60.7%**	**3.3%**
コーリー	11	0.1%	0.2%	1	0.1%	0.0%
カティーク	9	0.1%	0.2%	14	1.4%	0.3%
バラーイー	15	0.1%	0.2%	1	0.1%	0.0%
ドービー	19	0.2%	0.4%	5	0.0%	0.1%
ジュッラーハー	10	0.1%	0.2%	0	0.0%	0.0%
ダーヌク	11	0.1%	0.4%	0	0.0%	0.0%
バンギー	**3,440**	**26.9%**	**45.3%**	**218**	**22.6%**	**2.9%**
チョーラー	**392**	**3.1%**	**37.9%**	**0**	**0.0%**	**0.0%**
マジュハビー	**1**	**0.0%**	**0.9%**	**0**	**0.0%**	**0.0%**
ラールベーギー	**2**	**0.0%**	**7.1%**	**0**	**0.0%**	**0.0%**
全体	12,804			966		

註記：数値は都市部と農村部の合計．ゴチック体は清掃カースト
出典：Government of India, *Census of India 1961, Vol. 19 Delhi, Part 5-A, Tables on Schedule Castes and Scheduled Tribes*, 1966より筆者作成

と大幅に増えている。対してバンギーが二六・九%から九・五%へ、チョーラーが三・一%から一・二%へと減少している。二〇年間に四倍に増加した清掃職の大半は、バールミーキが充足したことが推測される。

バールミーキ、バンギー、チョーラーの各カースト内部の全就業者数における清掃就業者数の割合をみると、いずれのカーストも清掃業への集中が高まっている。バールミーキは四三・二%から六二・四%へ、バンギーは四五・三%から六八・六%へ、チョーラーは三七・九%から六〇・〇へ増

3-8　デリーにおける清掃と皮なめしの就業人口，1981年

指定カースト	清掃 就業人口	清掃 就業者内比率	清掃 カースト内比率	皮なめし 就業人口	皮なめし 就業者内比率	皮なめし カースト内比率
チャマール	881	1.8%	0.7%	39	65.0%	0.03%
チューラー（バールミーキ）	**41,225**	**85.3%**	**62.4%**	**4**	**6.7%**	**0.01%**
コーリー	156	0.3%	0.6%	0	0.0%	0.00%
カティーク	53	0.1%	0.3%	13	21.7%	0.07%
バラーイー	119	0.2%	0.5%	0	0.0%	0.00%
ドービー	69	0.1%	0.4%	1	1.7%	0.01%
ジュッラーハー	79	0.2%	0.7%	1	1.7%	0.01%
ダーヌク	62	0.1%	0.6%	1	1.7%	0.01%
バンギー	**4,586**	**9.5%**	**68.6%**	**0**	**0.0%**	**0.00%**
チョーラー	**598**	**1.2%**	**60.0%**	**0**	**0.0%**	**0.00%**
マジュハビー	**6**	**0.0%**	**0.7%**	**0**	**0.0%**	**0.00%**
ラールベーギー	**4**	**0.0%**	**3.0%**	**0**	**0.0%**	**0.00%**
全体	48,304			60		

註記：数値は都市部と農村部の合計．ゴチック体は清掃カースト
出典：Government of India, *Census of India 1981, Series 28 Delhi, Part 9, Special Tables for Scheduled Castes*, [1988?] より筆者作成

3-9　デリーの清掃就業人口のカースト構成の割合．1961と81年

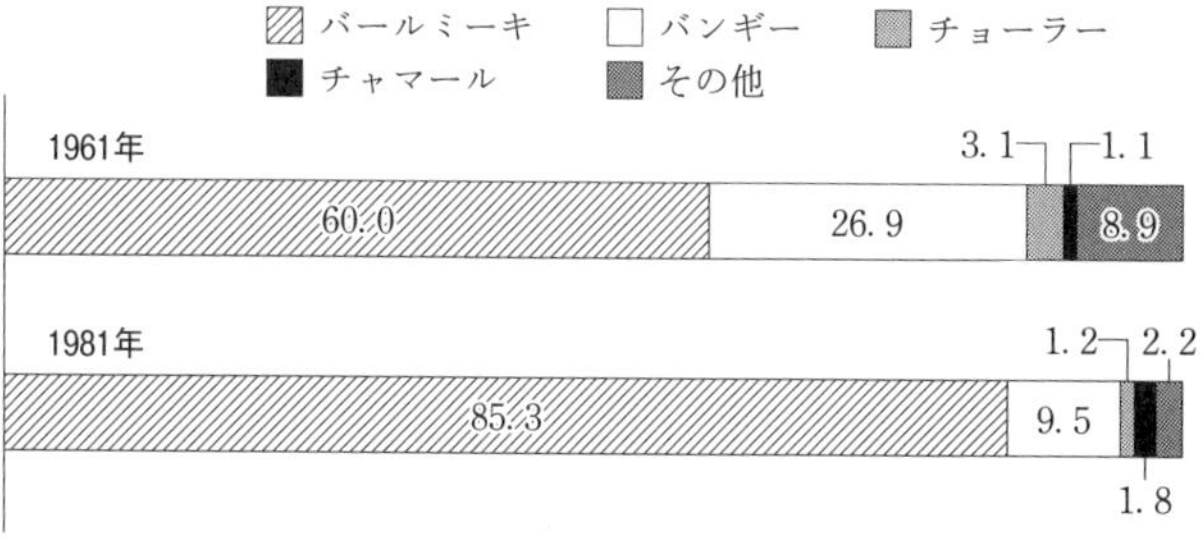

出典：Government of India, *Census of India 1961, Vol. 19 Delhi, Part 5-A, Tables on Schedule Castes and Scheduled Tribes, 1966;* Government of India, *Census of India 1981, Series 28 Delhi, Part 9*より筆者作成

加している。こうした状況を一言でまとめると、清掃カーストはいっそう清掃業との結びつきが強化され、なかでもバールミーキはその傾向が著しいということだ。

皮なめし就業者の大きな変化

清掃と対照的なのが、皮なめしだ。

皮なめしの全就業人口は、3－7と3－8にみるように一九六一年に九六六人だったのが、八一年に六〇人と大きく減少している。同じ期間に約四倍増大した清掃の就業人口とは正反対の傾向だ。こうした傾向は、西インドのグジャラート州でも確認できる。インド全体で皮なめし産業自体が解体しつつある状況が推測される（篠田一九九五）。

西インドのグジャラート州とデリーを比較した場合、皮なめし就業者数の激減は共通するが、異なる点も浮かび上がる。それは就業者に占めるカースト構成である。

グジャラート州の皮なめし産業は、一九六一年と八一年の両時点でも、チャマールが多数を占めている。それに対して、デリーの場合、カースト構成が一九六一年と八一年で異なる（3－10）。

一九六一年には、チャマールが一二・七％、バールミーキが六〇・七％、バンギーが二二・六％、カティークが一・四％というカースト構成であった。それに対して一九八一年に

3-10　デリーの皮なめし就業人口のカースト構成の割合，1961と81年

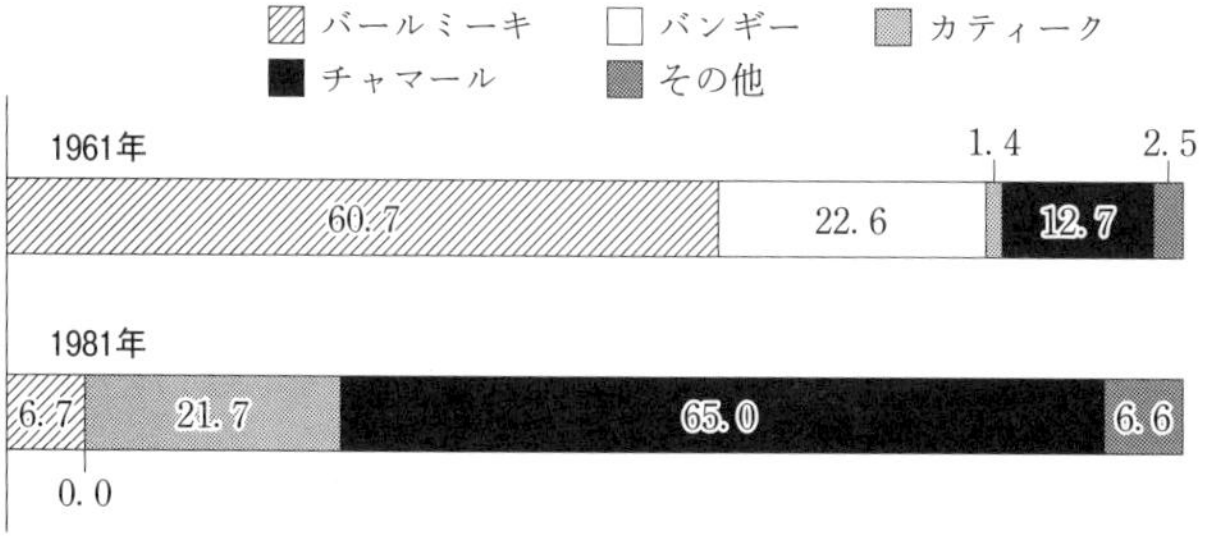

出典：Government of India, *Census of India 1961, Vol. 19 Delhi, Part 5-A, Tables on Schedule Castes and Scheduled Tribes, 1966;* Government of India, *Census of India 1981, Series 28 Delhi, Part 9*より筆者作成

は、チャマールが六五・〇%、バールミーキが六・七%、バンギーが〇%、カティークが二一・七%と変わっている。

特質する点は、チャマールとバールミーキの構成比がほぼ入れ替わったことだ。二〇年のあいだに、バールミーキとバンギーは皮なめし産業からほぼ撤退したと言える。就業者数をみても、バールミーキは五八六人から四人へ、バンギーは二一八人からゼロへと減少した。明確にはわからないが、撤退した人びとの一部は、清掃業へ参入したのだろうか。

この二つの調査以降の一九九〇年代に本格化した経済自由化政策の影響が大いに気になるところだが、一九八一年以後、清掃と皮なめしの就業状況に特化した国勢調査は行われていない。ただし、人権NGOの独自調査や筆者の調査結果から、デリーの清掃部門は依然としてバールミーキに占められていることが確認で

政府職の階級別にみた各社会集団の人数と割合，2018年

全就業者数	指定カースト		指定部族		その他の後進諸階級	
53, 252	7, 272	13. 7%	3, 212	6. 0%	8205	15. 4%
144, 288	24, 757	17. 2%	9, 823	6. 8%	21, 592	15. 0%
1, 727, 278	293, 252	17. 0%	129, 674	7. 5%	356, 036	20. 6%
44, 329	17, 574	39. 6%	3, 459	7. 8%	6, 757	15. 2%
1, 969, 147	342, 855	17. 4%	146, 168	7. 4%	392, 590	19. 9%

下第1位までとし第2位を四捨五入して示している
of India, Ministry of Social Justice and Empowerment, 2021. *Handbook on Social*
Table 5.2. より筆者作成

きる。

他方で、東インドのコルカタやバングラデシュでは、自治体の清掃部門に清掃カースト出身以外のカーストやイスラーム教徒の参入もあり、集団間の競争が増しているという。地域によって、清掃業に従事するカーストや宗教コミュニティの構成は異なるだろう。そうでありながら、ダリトカースト出身者の割合が目立つことはカースト的職業との関連があることを強調しておきたい。

3-11は連邦政府の公職について、階級ごとに各社会集団の割合を二〇一八年時点で表したものである。Aを最高位に、B、Cの序列がある。Aは日本における国家公務員総合職（キャリア）に相当する。清掃業は最下位の階級Cに含まれる。階級Cの清掃職は他の階級と比べて、指定カースト就業者の割合が人口比を大きく上回る三九・六%を占めている。このことからも、ダリトが集中する傾向が顕著と言えよう。

潮流と反する例外なのか

3-11　連邦

階　級
A
B
C（清掃職を除く）
C（清掃職のみ）
全　体

註記：数値は小数点以
出典：Government *Welfare Statistics* の

これまでみてきたように、指定カースト内部でもカーストによって教育の発展度合いや職業移動の違いが明瞭に存在する。指定カースト内部の格差では、とりわけ皮革カーストのチャマールと清掃カーストのバールミーキの状況が対照的だった。高等教育の機会を他の指定カーストよりも多く獲得しているだろうチャマールは、伝統的に従事してきた皮なめしからの離脱をほぼ達成している。

その一方で、バールミーキをはじめとする清掃カーストは、教育と職業選択の余地が限られ、いまだに清掃業に多くとどまっている。その傾向は、デリーの急速な都市化と清掃労働への需要が高くなっていることによって近年いっそう強くなっている。

バールミーキという特定のカーストが清掃部門を独占しているかのような状況は、現代インドでカーストと職業の結びつきが緩和しつつある全体的潮流と反する例外なのだろうか。篠田隆も指摘しているように、清掃カーストの社会経済的発展は、高等教育と公職の留保政策をいかに活用できるかが課題となるだろう。その次の段階として、民間企業への就職機会が促進されることが期待される。

グジャラート州とデリーではいくつか共通する傾向もあるが、先述したように異なる点もある。それは、清掃カーストが単一あるいは複数のサブ・カーストで構成されているかによるものだった。

グジャラート州の清掃カーストは、ほぼバンギーが占めていたのに対し、デリーには五つのカーストが混在している。そのなかでも、国勢調査の結果から、デリーの清掃カーストを圧倒的に占めているのはバールミーキだった。人口推移をみる限り、清掃カースト、とくに人口が減少したバンギーはデリー以外の地域へ移住したか、カースト名をバールミーキに改称し「合流」した可能性が推察される。

第4章　インド社会で垣間見られるとき

これまでの章では、主に文献資料に依拠してカーストの概要を論じてきた。この章では、筆者が現地で感じた体験と感覚、そしてインタビュー調査も踏まえながら、現在のカーストの実態に迫りたい。インドではカーストが人びとの生活とどのようにつながっているのか。においい、食べること、結婚の現場から具体的に考えてみる。

1　におい、飲酒、豚肉——浄と穢れのなかで

においは異国を感じる瞬間

筆者は大学生だった一九九七年に初めてインドを旅した。首都ニューデリー空港に到着し、薄暗い建物に入るやいなや、カレーを思い起こさせる香辛料の強いにおいを感じた。空港を出ると、そのにおいはいっそう強くなり、客引きや出迎えでごった返す群衆の熱気が合わさ

って強烈な印象を残した。

その後、二〇一〇年代にニューデリー空港はターミナルを拡張する大規模な改装が行われ、近代的な建物に整備された。空港内の照明も明るくなり、においも以前より気にならなくなったが、似たようなにおいの話は、韓国のキムチや日本の醤油にも当てはまるだろう。

一九九〇年代と比べて、現在はインターネットやコンピュータ、スマートフォンの普及により、訪れたことがない土地についての情報を自宅に居ながらにして瞬時に入手できるようになった。しかし、ごった返すバーザール（市場）の人熱《ひといき》れと香辛料が混ざり合ったにおい、酷暑のなか大汗をかきながら路上で飲むインド式の甘い熱々ミルクティー、チャイの味、そして朝靄《あさもや》のなかに浮かび上がるタージマハルの幻想的な美しさを、インドに行かずして再現することは難しい。

旅の醍醐味《だいごみ》は、とにかく視《み》る、聞く、嗅《か》ぐ、味わう、触れるの五感を存分に発揮し、現地を感じることだ。その感覚は身体に深く刻まれ、旅の後も蘇る。

最初のインド旅行で、筆者はすぐにインドに魅せられた。その後もほぼ毎年出かけた。大学卒業後、研究を続けるために修士課程の二年間をインドの大学院で学んだ。さらに博士課程でも二年間の、インド留学の機会を得て、博士論文の調査のためにデリーで生活した。

長期滞在の経験を通して気づいたことは、現地の感じ方が旅行のときと質的にまったく異なることだ。それは、物価水準や土地勘などの生活感覚を意味するだけではない。たとえば、カーストがそれに当てはまる。高校や大学の授業で聞いて知識としては知っていたが、外国人旅行者の立場からは実生活でカーストが「みえる」機会を捉えることができなかった。筆者はカーストを研究対象にしていたが、どのように調査をすればよいのかわからず、留学してもしばらく落ち着かない日々を過ごした。

現地に長期滞在し、言葉を覚え、インフォーマント（調査協力者）との関係を少しずつ築くことによって、人びとが生きる現場を内側から、目にみえない規範や価値体系などを理解しようとする方法は、地域研究者によるフィールドワークの基本姿勢である。現場で出会う具体的な事象を観察し、より大きな歴史的、政治経済的文脈に位置づけて捉えようとする試みである。

カーストのにおい

その試みのなかで、カーストの「におい」を感じることがある。

インドの場合、においは特定のカーストや階級に関わることが少なくない。とくに清掃カーストの居住区のにおいは、労働環境や食習慣と密接に結びつき、感覚的に差別意識を引き起こしやすい。

アムリトサル自治体における清掃員の居住区

筆者はこれまで、清掃カーストとして知られるダリトコミュニティの生活調査を行ってきた。そのことを清掃カースト以外のインド人に話すと、怪訝《けげん》な顔で、「あなた、においは耐えられるの？　大丈夫？」と、においの問題をまず聞かれる。清掃人の居住区は、「職場」であるごみの集積所や処分場、汚れた川や池に近い地域に位置していることが多いからだ。

快適な日本の生活に慣れきった筆者のような外国人にとって、調査地の状況はたしかに過酷だ。同じデリーに住んでいても、別世界のように感じる。とりわけ六〜九月頃の雨季は大雨に見舞われ、調査地では停電や冠水が頻繁に発生する。蒸し暑さのなか、蚊と汚物のにおいに襲われながらインタビュー調査を続けることは、調査者だけでなく、調査に応じてくれる清掃カーストのインフォーマントにとっても忍耐を強いられる。

連邦政府・州政府や自治体などの公的部門で清掃業に就く人びと、とくに北インドでは、清掃カースト出身者の割合が高いが、彼らは清掃員向けの宿舎に集住し、朝早くから市内の道路清掃やごみ収集に従事する。地域によっては、宿舎の近くにごみ集積所が置かれ、牛や野良犬、豚が徘徊《はいかい》している。周囲には悪臭が漂い、不衛生な環境である。

ダリトと豚食、飲酒

ダリトが多く住む地区では、イノシシ・豚をよく目にする。野生化した豚は体長が大きく、イノシシのように獰猛《どうもう》で、小さい子どもを襲う危険がある。他方で、豚は貴重なタンパク源として食されてきた歴史もある。結婚式や祝い事では、トウガラシの効いた豚肉煮込みがメイン料理としてふるまわれる。ダリトの生活世界にとって、豚は貴重で身近な存在だ。

イスラーム教で豚が不浄とみなされ、豚食を禁忌《きんき》することはよく知られているが、ヒンドゥー教でも同様に豚はもっとも不浄な動物とみなされ、忌避《きひ》の対象である。穢れを生じさせる要因に排泄物が含まれるが、豚は動物や人間の排泄物を食べることがある。そのためタブー視されたと説明されてきた。

肉料理を提供するレストランやファースト・フードの店でも、豚の肉・脂《あぶら》は使われない。代わりに、鶏、山羊《やぎ》、羊が提供される。二〇〇〇年代に入ると、外国人や海外生活を経験したインド人富裕層の増加を受けて、飼育された豚のベーコンやソーセージを提供する高級レストランやスーパーも都市部で目にするようにはなったが。

4‐1　ヒンドゥー教における食材の序列

豚	鶏	羊・山羊	魚		卵		根菜類（ニンニク・タマネギ・芋・ニンジン）	果物・果菜類（とくにトマト）	豆類	山羊の乳	水牛の乳	牛の5つの賜物（パンチャ・ガーヴィヤ）＝乳・ヨーグルト・精製バター・尿・糞	穀類・葉菜類・花菜類	牛
			淡水性	海洋性	有精卵	無精卵								
N	M	L	K	J	I	H	G	F	E	D	C	B	A	
							菜食主義							
			「肉」を食べる菜食主義											
肉食主義														
不浄性高い ◀												▶ 浄性高い		

出典：小磯千尋・小磯学（2006）『世界の食文化8――インド』農山漁村文化協会

　4‐1は、ヒンドゥー教の浄・不浄観に基づいた食材の序列を示している。豚は浄性の最下位、つまり、もっとも不浄性が高い食材に位置づけられるために忌避される。一方、牛はもっとも浄性が高いゆえに、牛食はタブーとされる。豚と牛を「食べない」行為は同じだが、タブー視する根拠が対極的という点で興味深い。

ヒンドゥー教で禁忌される豚肉をふるまう

筆者の調査地についてインド人の一般的な反応は、先述したように戸惑いや拒否感がある。においの問題に加えて、豚食の質問も受ける。「あの人たちは豚を食べるんでしょう？　あなたも一緒に食べるの？」と嫌悪感を露わにする人や、「あの地区に行けば、豚肉とお酒を味わえるよ」と小声で自分の豚食経験を語る人にも会ったことがある。

「不道徳な行為」としての飲酒

豚が宗教的に不浄なものとして明確に区分されてきたが、飲酒も禁欲に高い価値を置くヒンドゥー教で否定されるべき享楽の観念と結びつき、負のイメージを与えられてきた。飲酒を道徳に反する行為とみなす意識は強く、政府による規制も厳しい。

飲酒に負のイメージを定着させるのに大きな影響を与えたのは、ガーンディーだ。イギリスからの独立運動のなかで、彼が中心的な指導者だった国民会議派はヒンドゥー教社会改革の一環として禁酒運動を推進した。
一九三五年インド統治法に基づいて、州政府のいくつかを掌握した国民会議派は酒店舗数の制限、販売時間の短縮、アルコール度数の引き下げなど禁酒政策を実行した。
禁酒は、独立後、国是《こくぜ》として継承された。インド憲法の第四編〈国家政策の指導原則〉の第四七条（栄養水準及び生活水準の向上並びに公衆衛生の改善に対する国の責務）は、次のように明記している。

国は、国民の栄養水準および生活水準の向上並びに公衆衛生の改善を第一次的な責務とみなさなければならず、とくに、医療上の目的を除き、健康に害のある酒類または麻薬物の使用を禁止することに努めなければならない。

憲法規定に従った「ドライ・ステイト」（禁酒州）や、それ以外の地域でも酒類を販売しない「ドライ・デイ」（禁酒日）があったりする。こうした規制を知らずにインドを訪れると、突然に荷物検査を受けたり、地域や日によってレストランで酒類が提供されない場面に出くわして、大いに戸惑うことになる。

独立運動のエリート指導者たちが主張した禁酒によるインド人の倫理観向上は、独立後も憲法でみたように引き継がれてきた。だが、酒税を確保したい州政府もあり、飲酒規制は一様ではない。

飲酒についてのインド人の意識にも大きな変化が起きている。世界保健機関（WHO）の統計（『アルコールと健康に関する世界の現状報告』二〇一八年）によれば、インドにおける一人当たりの年間アルコール消費量は年々増加している。二〇一〇年の四・三リットルから一六年には五・七リットルに増えている。他の統計資料でも、アルコール飲料の小売り消費支出額やアルコール類の輸入額は総じて増加傾向にある。

ただし、その変化は一様ではなく、階層、ジェンダー、都市と農村などによって大きく異なる。たとえば、先のWHO報告書では男女間の一人当たりの年間飲酒量について、男性の九・四リットルに対して女性は一・七リットルである。また生涯禁酒者の割合は、男性が三九・一%、女性が六八・八%である。この数字を裏返すと、男性の六割、女性の三割は飲酒経験があることになる。

仕事前に飲まざるを得ない状況

飲酒量は統計から明らかなように男性が圧倒的に占めている。カーストおよび所得別の飲酒量を示すデータを確認できていないが、厳しい労働に従事する男性がアルコール依存症の問題を抱える傾向は筆者の調査でもしばしば確認している。

清掃カーストも同様で、アルコール依存の他にも、薬物依存症の夫や息子が少なくない。自治体の清掃職員だった夫が、定年を迎える前に、アルコール起因性の病気で亡くなってしまい、そのポストを妻や子どもが引き継ぐ事例もある。

筆者がカーストの調査を始めた頃は教育水準の低さが主な要因と考えたが、屎尿処理作業を仕事とする夫の家族にインタビューをすることで、考え方は大きく変わった。それは、「あのにおいのなかで、素面《しらふ》で仕事をすることは無理よ」という妻の説明だった。「においを意識しないように、お酒を飲んでから仕事に行く」と言うのだ。飲酒は仕事が終わってからと筆者は思い込んでいた。

アルコール依存は、過酷な労働環境を耐えるために飲酒をせざるを得ない状態に追い詰められた清掃人たちの姿でもある。二〇一五年の映画『裁き』のなかでも、この問題に関するシーンが含まれているので、ぜひ注目してほしい（コラム③「映画のなかのカースト」を参照）。

2　食事がつくる境界——何を、誰と食べるのか

共食の「壁」

豚食に話を戻そう。穢れの意識から豚食やダリトと飲食を共にすることが、ダリト以外のインド人からは忌避されてきた。だが、豚食と飲酒を求めて、ダリトが集住する居住区に人目を忍んで出入りする様子は珍しくない。それは文献資料やインタビュー調査でも確認できる。

カースト社会では建前上、自分よりも下位のカーストから不浄性が感染することを防ぐために、一緒に食事をする「共食」や食物の授受を慣習的に規制する。下位カーストの人びとは、生得的に不浄というだけでなく、肉を食べるがゆえにバラモンなどの上位カーストから穢れていると考えられているからだ。

しかし、そうした建前は日常生活の実態と異なる場合がある。豚食や飲酒の場に限定される「接触」がその例だろう。素面では対等であろうとする関係が避けられるが、酒を介した特別な状況下では対等が一見成り立つ場合がある。だが、特別な状況でなければ、そこには簡単に乗り越えられない「壁」のようなものがあるのではなかろうか。

インド映画でも、そうしたカースト間を隔てる壁を認識させる場面がある。製作者たちが壁に自覚的なのかはわからないが、酒に酔う演出では、異なるカースト間の交流を思わせるシーンが頻繁に使われる。最近の例では二〇二一年、ベストセラー小説を映画化した話題作『ザ・ホワイトタイガー』（ネットフリックスで配信）に出てくる主人と使用人の関係が記憶に新しい（コラム③「映画のなかのカースト」を参照）。

ところで、においによる社会の分断についてはインドだけのものではない。たとえば、韓国である。映画ではあるが、二〇二〇年のアカデミー賞受賞で世界的に注目を集めたポン・ジュノ監督による『パラサイト　半地下の家族』は、そこを見事に描いていた。映画後半で裕福な家庭の夫が、運転手として雇った半地下暮らしの主人公のにおいに気づき、自分たちの世界とは異なるのではと違和感を覚えるのだ。インドのカースト、アメリカの人種問題にも当てはまるかもしれない。日本はどうだろうか。においという感覚が、階級、差別、格差、人種などと結びついていることをあらためて考える必要がある。

一方的な不浄の「感染」

豚の忌避や食材の序列にみられるように、南アジアでは「何を食べるか、食べてよいのか」、「誰と食べるか、食べてよいのか」という問題が食文化の形成に大きな影響を与えてきた。そこには宗教、階層、カースト的要素が深く関わっている。ここでは、ダリトの立場からもう少し食について述べてみたい。

カースト社会では浄・不浄観に基づき、自分よりも相対的に浄性が低い人や物から、不浄性が感染することを防ぐためにさまざまな規制がある。食物の授受は、その代表例だろう。

どのカースト（ジャーティ）から食物を受け取ることができるのか、あるいは与えることが許されるのかという点が問題となる。与える行為は、浄性の高いカーストから低いカーストに限定され、その逆は慣習的に忌避される。料理人がバラモン出身者で多く占められているのは、こうした宗教的な理由による。

ヒンドゥー教の世界観における「感染」の特徴は、その流れがつねに「不浄から浄へ」の一方通行ということだ。その反対に、「浄から不浄へ」の感染はない。つまり、感染を防ぐとは、もっとも清浄なバラモンを頂点として、浄性の高い上位のカーストが自分よりも下位のカーストからの不浄性が感染しないように接触を回避することを意味する。

かつては、不可触民との直接的な接触だけでなく、影を踏まれることや、不可触民の者をみるだけで不浄性が感染したとみなされることもあったという。こうした場合、生まれながらに持っている自身の浄性の度合いが低下し、一時的に不浄な状態に陥ると考えられた。

不浄性が感染すると、服を着替えたり、沐浴《もくよく》や断食、その他の浄化儀礼を行うことによって身を清めなければならない。時代を経て、現代では不浄性への極端な反応はほとんどみられなくなった。しかし、ダリトの状況に着目すると、過去の慣習が消滅していないことを実感する。

残　飯——差別的慣習として

ダリトが残飯をもらい受ける行為は、ダリトの従属性を示す典型的な慣習である。貨幣経済が広く浸透する前にインド村落社会では、カースト間のモノやサービスの互酬的な交換関係が観察されてきた。

現代のインド社会ではそのような現象は過去のものになりつつあるが、ダリト、とくに農村部の状況に注目すると、地主カーストの家で奉仕を世襲的に強いられる慣習がいまだに残っている。たとえば、牛糞の掃除をする見返りとして、チャパーティー（全粒粉のパン）や残飯がダリトに与えられる。

第3章で少し触れたが、清掃カースト出身の作家オームプラカーシュ・ヴァールミーキの自伝タイトルは『残飯』（*Joothan*）だ。残飯をもらい受ける行為と被差別の経験は分かちがたく結びついている。作品を英訳した文学研究者A・P・ムケルジーは序文で次のように解説する。

> 残飯とは、食べる人のお皿に残った食べ物という意味である。これは、残飯を食べるために待つ人間が存在することが前提である。〔中略〕タイトル〔『残飯』〕には、〔出身カーストの〕ヴァールミーキ・コミュニティの痛み、屈辱、そして貧困が凝縮されてい

る。 (*Joothan*)

ダリト運動では、差別に抵抗する試みとして残飯を上位カーストからもらい受ける行為を拒絶する。これはアンベードカルをはじめとするダリトの指導者たちが奨励してきた。残飯を受けることは、差別を受け入れることに等しいと考えたからだ。しかし、立場の弱いダリトが残飯の慣習を拒否することは容易ではない。拒むことで、暴力を受ける可能性もあり、命がけの抵抗となる。

残飯に象徴される差別的な慣習を、調査地のデリーで聞くこともあった。インド北部のガンジス川支流ヤムナー川の近くに住む女性清掃人の家を訪問したときの話である。

二〇歳のコーマル（仮名）は、夫、姑、娘と四人で川沿いに建てられた小屋に暮らしていた。夫はアルコール依存症で職がなく、コーマルと姑が屎尿処理、つまりは汲み取り式便所の掃除の収入で家計を支えているという。

コーマルの雇い先は七〇家屋で、姑は一〇〇家屋を担当していた。稼ぎは一家屋につき、毎月一〇ルピーと非常に低く、現金の他にチャパーティーやおかずなどの食物が与えられる。なお、インタビュー時にコーマルは、「残飯」という表現を避けていた。

家主から食物をもらうときは、「手渡しではなく、いったん床に投げられるか、置かれるのよ」と、コーマルは放り投げるジェスチャーをしながら筆者に説明した。その後、自分で集めるのだという。

そうした行為は、ダリトに対してのみ行われる差別的な慣習であることを、同行してもらった調査協力者が話してくれた。店の買い物でも、ダリトに対して釣り銭を相手の手に触れないように投げて渡す行為もある。これも接触を防ぐためだという。

調査者の内面を試す「儀式」

調査地では、カースト序列の授受行為とは異なるふるまいも観察できた。

訪問先では、必ずと言ってよいほど、客に食べ物や飲み物を提供するもてなしがある。南アジア社会では一般に、客を神様として歓迎すべきという考え方が根付いているからだが、ダリトの人びとの家ではとりわけ歓迎の熱意が伝わってくる。それは、一方的に与えられるのではなく、与える立場から対等な関係を築こうとする意志の表れのようにも感じられる。

コーマルも、必ず筆者と調査協力者に炭酸飲料をどこからか持って来る。「温くなるから、早く飲んでね」と、インタビューを始める前に何度も言われる。

調査地でダリト側から水や食べ物を差し出される場面は、調査者の内面が試されるある種の「儀式」となる。「私たちの水を受け取るだろうか」という緊張した周囲の視線が一斉に調査者へ注がれる（コラム③「映画のなかのカースト」の『マリーゴールド・ホテルで会いましょう』を参照）。

一九八〇年代半ばにダリト女性のフィールド調査を行った山下明子は、同様のエピソードを次のように記している。

アウト・カーストの家で水を受け取り、それを飲む行為は、その人の出自を明示するか、カーストの掟《おきて》を破る意志を伝えることになる。（『インド不可触民の女たち』）

筆者は、スラムのような衛生設備が十分に整っていない地区で水をもらうことは、病気に罹《かか》るリスクを心配することはあるものの、穢れの恐怖を感じることはない。だが、調査地の人びとによれば、「今日はおなかの調子が悪いのです」と言って、はっきりと断るというよりも、理由を付けて飲食を回避する大学院生や研究者もいるという。

共食が育む連帯意識

カースト関連の集会では、プログラムの最後に必ずと言ってよいほど食事が提供される。同じカーストのメンバーでなくても、参加者であれば無料で食べることができる。会場に

集会後にふるまわれる食事　チーズと豆の野菜カレー，コメ，チャパーティー，デザートのハルワー（上）／**一斉に食事をとることが多くの差異を超えて一体感をもたらす**　ハリヤーナー州ロータクにてバールミーキの集会での食事（下）

絨毯《じゅうたん》が敷かれ、全員が並んで一緒に食事をとる。献立は、誰でも食べられる菜食が一般的で、チャパーティーまたはプーリー（チャパーティーを油で揚げたパン）とダール（豆）、サブジー（野菜）のカレーに加えて、簡単なデザートが添えられるのが一般的だ。集会の主催者自らが料理を取り分けて、参加者に配ることは名誉なことと考えられている。

筆者は調査を始めた最初の頃、この集会後の食事の重要性についてあまり理解していなかった。しかし、何度も参加させてもらうなかで、年齢や性、地位にかかわらず一斉に食事をとることが参加者の一体感、絆のようなものを醸成していることを理解するようになった。

インド各地から人びとがやってくる大規模な集会では、最後に食事を一緒にし、リラックスした雰囲気のなかで自己紹介が行われる。出身地域で各自が関わっている運動や抱えている地域の問題を共有し、地域を越えた新たな人脈、ネットワークづくりの機会となる。

共食の宗教的実践でもっとも有名なのは、シク教の「ランガル」だろう。ランガルとは、錨《いかり》、重しなど「固定させるもの」を意味するペルシア語が由来だという。一二〜一三世紀には、「スーフィー」と呼ばれるイスラーム神秘主義の聖者廟などで施される食事を指した。シク教でのランガルとは、シク教の礼拝所グルドワーラーで信者の奉仕によって営まれている無料の共同食堂を意味する。宗教、カースト、年齢、性別、社会的地位の区別にかかわらずランガルを開放し、すべての人が同じ場所で床に座り、同じ食事をすることでシク教が掲げる平等主義の精神が実践されている。全員が一堂に座して食事をする風景は、調査地と重なり合う。共食を通じて、人びとは平等や連帯意識を身体的に経験するのだ。

3　結　婚——高学歴ダリトたちの憂鬱

結婚の新しい潮流、昔のままの形式

いまでも結婚が、カースト意識が強くみえる場面である。誰と結ばれるかは本人の問題だ

けではなく、家族、親族、カーストコミュニティに関わることが多いからだ。インドではお見合い婚が主流の背景には、こうした事情がある。

伴侶を探す方法は、寺院や親族間の集まりを介した口伝《くちづたえ》から新聞広告へ、二〇〇〇年代に入るとオンラインの婚活サイトやアプリへと大きく変わってきた。一九九七年に始まったShaadi.com、二〇〇〇年に始まったBharat Matrimonyといったオンラインサービスは、いまやそれぞれ数百万人の登録者を抱えるインドの巨大なマッチングサイトである。伴侶探しはインド国内に限定されない。インド系コミュニティが多く住む欧米や東南アジア、中東諸国など世界が対象だ。

ローカルからグローバルへ。そうした変化の一方で、事前に相手の条件を確認してから行われるお見合いの形式には変わりがない。恋愛結婚も増えつつあるようだが、主流はいまもお見合い結婚だ。それはカーストの上下にかかわらず共通の傾向と言えよう。

新聞の日曜版で配布される分厚い求人広告に「結婚相手募集広告」(matrimonial)も折り込まれてもいる。最近では、紙媒体よりもネットやアプリのお見合いサイトが広く普及しているようだが。

求婚広告は、自身と希望相手についてインド国外も含めた地域、言語、宗教、職業、さらにカーストごとに細分化されて記載されている。そのため一般に求められる花婿／花嫁のイメージをある程度把握することができる。たとえば、南インドの言語でタミル語の花嫁募集のセクションには、以下のような記事がある。

タミル　医師　三九歳／身長五フィート一一〔インチ／約一八〇センチメートル〕／医学士、とても色白、アメリカ在住。高い能力・資格のある、色白で、身長の高い〔花嫁〕を求む。カーストは妨げにならない〔傍点は筆者〕。当方の電話番号：＊＊＊＊／Eメールアドレス

求婚広告自体は英文で五行ほどだが、花婿／花嫁にどのような要素が「優位」かを読み取ることができるだろう。外見的要素（肌の色が白い、身長が高い）の他に、経済資本（医師や弁護士など高度の資格を要する専門職）や文化資本（高学歴、英語の広告文であることから英語の運用能力）が重視されている。

加えて、ここで注目したいのは、「カーストは妨げにならない」（Caste no bar）という表記だ。これは最近の傾向で、カーストの序列よりも、職種や教育レベルを相手選びの際に重視するようだ。

カーストの壁を乗り越えるケースは、筆者の周りでも数組いる。たとえば、医師や弁護士、

エンジニアなどの職業に就いているダリトカースト出身者が上位のカースト出身者と結ばれている。ただし、そうしたケースも、結婚に至るまで、あるいは結婚後の生活で相手方の家族・親族や出身カーストとの不仲や軋轢《あつれき》が生じることは少なくない。最悪の場合、死に至る暴力事件にまで発展する。

とくに、カーストの低い男性とカーストの高い女性の組み合わせは、非常に忌《い》み嫌われる。先述したように古代のヒンドゥー法典によれば、ダリトの起源はカーストの異なる男女のあいだに生まれた混血族、もっとも悪しきものとされる下位ヴァルナ男性と上位ヴァルナ女性の組み合わせに由来すると伝えられているからだ。

結婚に反対する親族によって花婿／花嫁が命を奪われる事件は、「名誉殺人」（honor killing）として知られる。家の「名誉を守る」という名目で、花婿と花嫁を殺害する事例は後を絶たない。インド国内だけでなく、移民先の欧米諸国でも名誉殺人は存在し、問題視されている。

たとえば、二〇一六年三月にインド南部のタミル・ナードゥ州のティルプルという町で起きた事件だ。ダリト出身の工学部学生の男性とダリトよりもカーストは高いとされるが、最後進カースト（Most Backward Caste, MBC）集団に含まれるカーストに属する女性は、自分たちで結婚の儀式を執り行った。だが、その八ヵ月後、女性側の親族の暴行によって、女性は重傷を負い、男性は殺害された。同州ではこの数年間に類似の事件が三件起きているという。

ただし、インドの格差、対立、暴力などの問題は、カースト以外の要因も複合的に絡み合いながら起きている。社会全体の構造と歴史的文脈に位置づけて、緻密《ちみつ》な分析をする必要がある。

多様化のなかで

一般的にダリトの女性たちは早婚で、一〇代後半から二〇代前半までに親の決めた相手と縁組が行われる。中等教育を卒業してまもなく嫁ぐため、上位カースト出身の女性に比べて、大学進学や職業訓練校に通う機会が少ない。

彼女たちは若くして妻になり、母として生きていく。似たような環境で育った結婚相手の男性たちは、家庭内暴力やアルコール依存、ギャンブルなどの問題を抱えているケースも少なくない。

ただし、それは被差別カーストのなかでも、親の職業や経済状況によって大きく異なる。たとえば、親が公務員など安定した職業であれば、息子・娘にはまず教育レベルを高め、よい仕事に就くことを期待する。同じカースト同士であっても、経済的、社会的地位が高いとされる家族は子どもの伴侶には同等かそれ以上を求める。こうした状況から、同じカースト内での格差が生まれていることがわかる。

また、広大なインドの国土を考えると、地域によっても結婚の慣習は多様であり、同じカーストだからという理由で一般化することは不可能である。

以下では多様な結婚のあり方を理解するために、一〇代後半から二〇代前半までに親が決めた相手との早婚が行われる従来のダリトとは異なる結婚事情を、筆者の調査地の事例から紹介する。恋愛結婚あるいはお見合い結婚の形式をとりながらも、女性が選ばれる立場から選ぶ立場へと変わりつつある姿がそこにある。

高学歴カップルの結婚①――ディーピカーの恋愛婚

西インドの都市プネー（旧プーナ）は、デカン高原に位置し、教育・文化が発展してきた。快適な気候ゆえに、イギリス植民地時代には避暑地として、旧ボンベイ管区の夏の首都だった。一九九〇年代以降は、IT関連、自動車をはじめとする製造業の拠点が集積し、経済都市としても成長している。

首都ニューデリーがある北インドから行くと、まず気づくのは治安がよいことだ。女性ドライバーがスクーターや小型オートバイを運転する通学・通勤風景を多く見かけ、夜間の女性の一人歩きも珍しくない。男性から無遠慮にじろじろとみられることもほぼない。女性にとって、プネーや商業都市ムンバイがあるマハーラーシュトラ州は、北インドの諸都市に比べてかなり安全な地域と感じられる。

こうした感覚は、マハーラーシュトラ州の教育レベルがインド全体のなかでも比較的高いことや、女性の社会進出による社会経済的要因に加えて、歴史的な背景があるからかもしれない。それは、反バラモン運動と低カーストの女子教育の普及を推進した教育家・社会活動家だった農民カースト出身のJ・G・フレー、アンベードカルをはじめとするダリト出身の指導者たちを数多く輩出してきたからだ。

そうした解放的な雰囲気が漂うプネーで生まれ育った一人にディーピカー（仮名）がいる。筆者がバールミーキ出身の彼女に会ったときは、名門プネー大学で助教として働きながら博士論文を執筆する多忙な日々を送っていた。彼女の指導教官と筆者が知り合った際に、「私の指導学生のなかに、あなたが調査しているカースト出身の大学院生がいます。会ってみたら」と紹介された。カースト、家族、結婚の話を彼女から聞いた。

ディーピカーの人生は、筆者がこれまでの調査で出会ってきたバールミーキ出身の女性たちと非常に異なる道を歩んできた印象を受けた。大学教員の職を得たこともそうだが、カーストの異なる男性とお互いの親を説得し恋愛結婚することについて、冗談を交えながら堂々と語る様子に驚かされたからだ。初対面だったにもかかわらずだ。

二〇一二年八月、初めて会ったときは、ディーピカーが冬に婚約をするというタイミングだった。彼女は英語で次のように語った。

相手は同じ研究科の先輩です。カーストが違うため、双方の家族で結婚を反対されていますが、心配させないように、以前から家で彼のことを頻繁に話題に出すように心がけていました。私の家族は父が幼い頃に亡くなり、姉二人と私、母の四人暮らしでした。姉たちはすでに結婚して、一緒に住んでいません。私と母の二人で住んでいます。

長女が別のカースト男性と駆け落ちして結婚しましたが結婚生活がうまくいっていないことや、次女がお見合い婚で一八歳になる前に結婚しましたが、幸せそうではない様子を母はずっとみてきました。二人の娘たちの失敗から、三女の私には好きな道を選ばせる考えに変わったのでしょうね（笑）。そのおかげで勉強を続けることも許されました。

私たちのカーストでは、娘に教育を受けさせようと考える親は稀《まれ》です。大学で教えられるほど教育を受けられる女子はほとんどいません。私にふさわしい相手をカースト内で見つけるのは至難の業ですよ。

（二〇一二年八月一三日）

結婚後の日常

翌二〇一三年に結婚したとき、ディーピカーの夫はプネーから数十キロ離れた大学に就職が決まっていた。ディーピカーもちょうどプネー大学で助教に就いたばかりだったため、遠距離結婚の生活を送っているという。彼女と最初に出会ってから二年半後の二〇一五年三月に、筆者は結婚生活について尋ねている。ディーピカーはうれしそうに次のように話してくれた。

あなたも知っている通り、私たちは週末にプネーで一緒に過ごす遠距離結婚です。最初はこれでいいのか悩みましたが、いまは満足していますよ。母は実家に一人で住んでいるので心細いでしょうから、平日は母と一緒に実家で暮らしています。週末はキャンパスの外に部屋を借りて夫と過ごします。これがよく言われるジュガール〔ヒンディー語で、身近にあるもので創意工夫をすることの意。インド人的な発想力・独創力を表す言葉として注目されている〕でしょうか。親子と夫婦の両方の時間を両立できているので、全員が幸せでいられます。

（二〇一五年三月二三日）

結婚式では、本人たちの希望でヒンドゥー教的な儀式を一切行わなかったという。既婚女性の証《あかし》とされる眉のあいだ、あるいは額の中心の眉間の少し上に付ける赤色の点ビンディーと、髪の生え際の分け目を赤色で塗る線シンドゥールといった慣習を彼女はしていない。

なぜ進学や教職に就けたのか

ディーピカーの強さは、どこから来るのだろうか。筆者は話を聞きながら、彼女の育った環境が影響を与えていることを理解し始めた。

ディーピカーは父親がプネー大学の清掃職員をしていたこともあり、キャンパス内の職員宿舎で育った。教員や学生に囲まれ、緑の多い落ち着いた生活環境だったという。父親は三人の娘たちに教育を受けさせることに熱心だったが、ディーピカーが一一歳のときに心臓発作で亡くなった。

長女が父親の仕事を引き継いだ。政府系の清掃職では、退職前に死亡した場合、家族がその仕事を引き継ぐ慣行が広くみられる。遺族の雇用保障は、清掃労働組合が主張してきた要求の一つだ。その後、長女は昇進試験に合格し、州政府の事務職に就いた。

長女が結婚して実家を出た後は、母親が大学の清掃職に就き二人の娘を育てた。母親は学校に通ったことがなく、文字を読めないため、仕事や生活で必要な書類の手続きはディーピカーが母に付き添って代行したという。

母親は留学生向けの女子寮で働いている。言葉が通じなくても、身振り手振りで女子留学生たちとコミュニケーションをとり、不要になった古着や本を娘のためにもらってくることもあったという。ディーピカーは、幼少期から留学生たちの自由な雰囲気を母から聞いて育ち、大いに刺激を受けてきたという。海外やインドの各地から来た同年代の女子の様子を知ることで視野が広がり、彼女たちがロールモデルになっていった。

ディーピカーは、プネー大学に入学し、修士課程では社会学を専攻してジェンダー問題に関心を持つ。現在はジェンダーと教育の観点から、ダリトの女性運動をテーマに研究を進めている。

進学や教育職に就けた理由についてディーピカーに尋ねると、明確に三点あると答えてくれた。

一つは、家族のサポートがあったことだ。教育に理解のあった父親と彼女を経済的、精神的にも支えてきた母親の存在が大きい。

二つに、育った環境を挙げる。キャンパス内にはカーストや出身地域の異なる人びとが多く住み、市内の他のエリアに住むのとは異なり、幅広い交友関係を持てたことである。とくに母親の仕事場である留学生向け女子寮の様子を幼少期から知ったことは、未知の世界への扉を開くような経験だったという。

三つには、プネーを含むマハーラーシュトラ州の文化社会的土壌を挙げる。先述したフレーによる反バラモン運動やアンベードカルによるダリト運動の歴史が、既存の価値観に異議申し立てをしやすい環境だったと指摘する。

称賛と嫉妬

父親が急逝したことで、母親と娘たちは早くから自立を意識してきたという。母親は大学の清掃職で経済的にも比較的安定していた。また大学キャンパス内に暮らしていたことから、常日頃より多くの女子学生たちをみていたことで、女性が教育を受けることは当然と考えるようになった。通学経験のない母親は、娘たちがよい教育を受けて経済的にも自立できることを強く望んでいたという。

キャンパスのなかには、ディーピカーの出身カーストであるバールミーキの人びとも住み、カースト内で信仰している神像を祀る寺院もある。このことから、特定のカースト集団が集住し、地域に根を下ろしてきた歴史もうかがえる。ディーピカーはヒンドゥー教やコミュニティの神を信仰していないが、親族や出身カーストとのつながりを維持するために、毎年八月に開かれる記念祭やカースト関連の集会には参加している。

集会についてディーピカーは「とくに何か重要なことを話し合っているわけではないと思います。カーストの女性たちはきれいな服を着て、人に会う場くらいにしか考えていません」と批判的な見方を示しつつも、頭から否定しているわけではないようだ。ディーピカーはさらに続けて言う。「〔私は〕異なるカーストの男性と結婚したことで、出身コミュニティから受ける反発や軋轢を避けるために参加する必要があるのです」

ディーピカーによれば、教育レベルが高く、経済的に自立したダリトの女性たちは、称賛を受ける一方で、妬まれることも多くあるという。コミュニティの行事に参加しなければ、裏切り者とみなされるのだ。そうした相反する感情に立ち向かおうとするディーピカーの決意は強く印象に残った。

高学歴カップルの結婚②――レーカーのお見合い婚と子育て

次に、同じカースト内でお見合いを経て結ばれたレーカー（仮名）について述べてみたい。筆者はレーカーへのインタビューについて、前著『現代インドのカーストと不可触民』（二〇一五年）でも取り上げた。

当時は、首都デリーでも高学歴のバールミーキ出身女性に筆者が出会える機会は非常に少なかった。個人のカースト情報を知る手がかりは、口伝《くちづた》えに紹介してもらう方法しかなく、紹介後にインタビューを申し込んでも断られることが多かった。ある博士号取得後の研究員の女性にメールで依頼したときは、一ヵ月後の返信で、「いまの職場に余計なことを知られたくないので、協力できません。なぜ私の個人的なことを調べたいのですか」と断られたこともあった。

筆者の説明が不十分で、なかなか理解を得られず悩んでいた矢先に偶然出会ったのが、このとき三〇代後半のレーカーだった。すぐに意気投合して親しくなることができた。以下、前著からの抜粋と、それ以降の結婚生活について取り上げる。

筆者がレーカーと初めて会ったのは、二〇〇六年一二月の北インドのウッタル・プラデーシュ州の都市メーラトだった。バールミーキ・カースト関連の集まりで、地元の指導者がバールミーキ出身の学生のために建設した寮の完成記念式典が開かれた。のちにレーカーの義父となる人物がその行事の主催者だった。

レーカーはC・C・シン大学（旧メーラト大学）で博士号を取得したばかりで、スピーチを依頼されたという。そのときに筆者と簡単な自己紹介だけだったが、数年後にデリーで偶然再会する。バールミーキ出身女性の高学歴の持ち主は稀であり、すぐに思い出すことができた。

レーカーはメーラト出身である。父親はインド国鉄の技師である公務員で、親族に清掃労働者が一人もいないことを誇りにしていた。教育熱心だった父親は、二人娘の進学を支援した。レーカーは差別を感じたことはあまりなかったと言うが、博士課程で希望していた教授に指導を断られたときに、「避けられている」ことを感じたと言う。なお、彼女の研究テーマはメーラトにおけるバールミーキの社会活動である。

レーカーは三四歳のときに、二歳年上の同じカースト出身者と結婚した。インド女性の平均初婚年齢が一八・〇歳であることを考えると、彼女はレアケースだろう。レーカーは結婚に至る過程を次のように語ってくれた。

結婚について、両親は基本的に本人の意思を尊重してくれました。でも、姉が嫁いだ後、「Ph.D〔博士課程〕が終わったらどうするんだ?」と両親はだんだん心配するようになりました。とくに三〇歳を過ぎると、父は「これ以上経ったら、誰ももらってくれないよ」と言い始めました。それで、私も勉強がひと段落するのをめどにデッドラインを決めて、結婚への準備を始めることにしたのです。

（二〇〇九年二月一九日）

プラヴェーシュとの出会い、結婚へ

レーカーは勉学を支援し、自身の希望を理解する親をありがたく思う一方で、必ず結婚しなければならないというジェンダー規範の狭間で悩んだ。実際、父親の人脈で結婚相手を同じカースト内で探そうとしたが、相手側の要求と折り合いがつかず話がまとまらなかったという。高学歴のバールミーキ男性は、上位カースト出身者を相手に希望する。レーカーは、同じバールミーキで高学歴と職を持つ教養のある男性を条件にしていた。

相手探しが難航するなか、レーカーが三四歳になったときに同じ大学出身で三〇代後半のプラヴェーシュ(仮名)を父親の親戚を通じて紹介される。プラヴェーシュはレーカーと同じくメーラトで生まれ、大学を卒業していた。彼の父親はメーラトの政府系小学校の教員で、ヒマラヤ地域から就職を機に移住し、彼の祖父とともにコミュニティの政治活動に参加し、地元のバールミーキのカースト団体の代表を務めていたという。

教育熱心な父親の影響を受けて、プラヴェーシュの兄は一八歳でイギリスに留学し、プラヴェーシュは州内の大学に進学し、新型コロナウイルスの流行前まで英語塾を経営していたという。

レーカーと知り合った当時の状況をプラヴェーシュが振り返り、次のように語る。

私はデリーで一八年間ずっと一人で暮らしてきました。結婚はしないだろうと思っていましたが、レーカーの写真をみて心を惹かれ、会うことにしました。私たちの場合はちょっと変わっていて、花嫁側が花婿の家を訪問しました。そこでお互いの自己紹介をして、それから毎晩携帯電話で話すようになりました。結婚前に、私たちは毎晩一時間も話していました。おかげで相手のことをよく知ることができたし、結婚後もスムーズに共同生活を送っていますよ。

（二〇〇九年二月一九日）

レーカーとプラヴェーシュは、親同士が取り決めた見合い結婚でありながらも、「二人で携帯電話で話す」ことで、結婚前に相手を知ることができた。おそらくこれは高学歴のバールミーキに限定されると思われるが、女性の主体性が見られる事例だろう。

代理出産と子どもの教育

二〇〇九年のインタビュー後も、筆者はレーカー夫妻と交流を続け、インドに行くと必ず食事に呼ばれる。「いつ来るの？　何が食べたい？　ヴェジ（菜食）？　ノンヴェジ（非菜食）？」と聞いてくれる。一般に、インド人はお客をもてなすことに長《た》けているが、調査地では必ずと言ってよいほど食事が供される。それは本章で述べたように、共食——一緒に食べる行為によって人間関係が深まるという考えが背景にあるのだろう。

二〇一四年デリーの寒い冬に、いつものようにインド到着を知らせる電話をレーカーにかけると、「サプライズがあるの。早く家に来てね」とのこと。家に行くと、生後四ヵ月の赤ちゃんがベッドで眠っていた。筆者が驚いていると、夫婦は不妊治療を長期間し、代理出産で男の子を授かったのだと教えてくれた。

二〇〇五年頃から、代理出産がインドで増加傾向にあることは知っていた。だが、依頼人の多くは海外のインド系を含む富裕層で占められていた。他方、代理母はインド国内の若い貧困女性たちで、とくにダリトの女性たちが、家計を維持するために卵子提供や代理母に関わる担い手となっていることは、松尾瑞穂の研究で指摘されてきた。

レーカーによれば、女性の社会進出が進むなかで、自分のように晩婚の女性たちが増え、都市部で不妊治療が一般化し、インド国内でも代理出産を望む声は決して少なくないという。しかし、代理出産を周囲に知られることにためらいもある。レーカーは身内以外には公にしていないという。

ヒンディー語で「一番目」を意味する「プラタム」と名付けられた男の子は大事に育てられ、現在は小学校に通っている。

地元の公立校に通っているのかと夫のプラヴェーシュに尋ねると、次のように答えてくれた。「いいえ。英語で授業が行われる名門の私立学校に入れました。あなたも知っている通り、私は英語塾をしているので、子どもの頃から英語を習得させる重要性をよく理解しています。高い英語能力は将来の成功に不可欠ですから」

プラタムが通う小学校は「イングリッシュ・ミディアム」と呼ばれる。インドの公立校は現地語で授業が行われ、教員の欠勤や怠惰な勤務態度の問題が慢性化し教育格差を生む要因とも言われる。

いつ「告白」するかはわからない

イングリッシュ・ミディアムの私立校に子どもを通わせたいと親の多くが希望するが、学費は高騰し、富裕層や中間層に限られている。二〇一七年に公開された映画『ヒンディー・ミディアム』では、名門私立校の受験をめぐって奮闘する夫婦の姿がうまく描かれている。入学倍率の厳しさや学費の問題があるなかで、どのようにして入学許可を得たのかをプラヴェーシュに尋ねると、次のように説明してくれた。

この地域で一番よい学校に息子を入れたかったのです。

私たちは指定カーストの証明書も出しましたが、合格者リストのなかに息子はいませんでした。そこで、校長に直談判《じかだんぱん》をしたのです。「私たちはこのカースト〔バールミーキ〕の出身です。よい教育を受ける権利があります」と主張して、私たち夫婦の教育レベルが高いこと、英語が話せること、妻が屎尿処理労働者の生活改善に取り組むNGOで働いていること、私が教育関連の社会活動もしていることをすべてアピールしました。その結果、息子は入学許可を得たのです。（二〇一九年三月一〇日）

このとき、とくに印象に残ったのは、指定カースト証明書を学校に提出したが、「息子には出身カーストのことを知らせていない」という話だった。プラヴェーシュは言う。

隣人はシャルマー〔バラモンの名字〕です。私たちがバールミーキだということを彼らは知らないし、聞かれたこともないから、こちらからあえて〔自分のカーストを〕言いません。私たちは高い教育を受けているので、見た目ではわからないのでしょう。もし知られたら、態度が一変するでしょうね。（同前）

レーカーにも確認すると、近所の人はカーストのことをまったく知らないとのことだった。毎日通いで来てくれるメイドにも知らせていないという。理由は、「万が一知られたら、一瞬で私たちへの敬意が失せてしまうから」だった。そのため、筆者との会話では、直接カースト名を名指しすることを避け、「このコミュニティ」という遠回しの表現をする。現在の名字は、プラヴェーシュの祖父の時代に改称したもので、カーストとは無関係の珍しい名字だという。

しかし、いつ、どのように息子に出身カーストのことを教えるか、あるいは教えないのかについて、夫婦は決めかねているという。政府の指定カースト留保政策を活用し、よい教育や仕事を得るためにはカーストの証明書が必要になる。また、先の私立校の入学許可を求める際に交渉の根拠としたように、バールミーキというカーストの出身であることを公にしなければならない状況も今後あり得るかもしれない。

表明を求める留保政策の矛盾

カーストは、ライフステージの重要な節目、つまり就学、就職、結婚などで立ち現れる。就学では入学枠をめぐって、就職では公務員の採用枠や面接時に、結婚は相手との関係を築くときにである。社会経済的向上を目指すバールミーキにとって、留保政策の利用と自助努力が欠かせない。また、尊敬される地位に就いたとしても人びとのカースト意識は続き、彼らはその葛藤を内面に抱えている。

こうした背景には、留保政策が抱える矛盾がある。支援を受けるためには、必ず証明書によって自分が指定カーストであるバールミーキ出身と表明しなければならないからだ。そのため、徹底した身元隠しは、実のところインドではほぼ不可能である。

結局、残された選択肢は二つである。積極的に出自を表明し、権利を主張するか、できる限り身元を明かさず、留保政策をあえて活用しない自助努力だ。もちろんこの区分は曖昧で、現職中は後者で、退職後にカースト関連の運動に参加するというケースも多くある。

いずれにせよ、バールミーキの人びとの語りからは、自他による出自カーストへの意識を引き受けながらも、学歴やよりよい職業の獲得を足がかりに、次世代に希望を託したいと切に願う姿だ。

プラヴェーシュは息子の将来について、次のように語り悲観的だった。「いまのインドは、私たちにとってよい環境とは言えません。息子がもう少し大きくなったら、兄が暮らすイギ

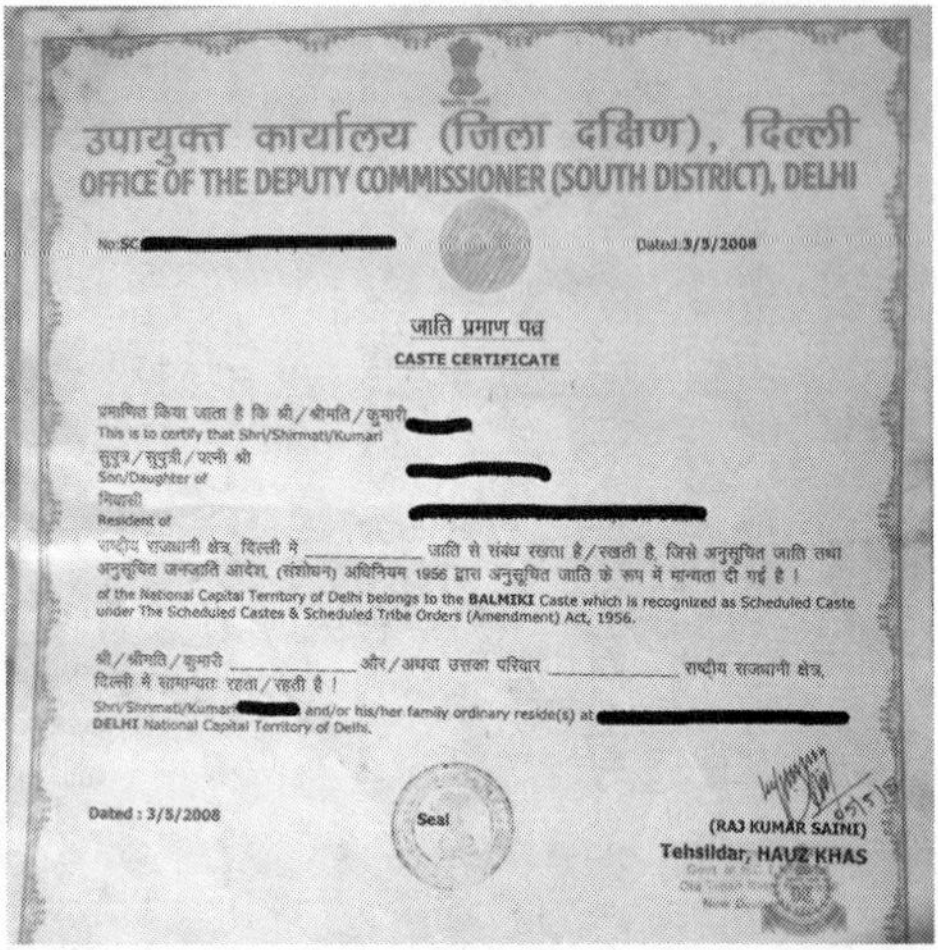
उपायुक्त कार्यालय (जिला दक्षिण), दिल्ली
OFFICE OF THE DEPUTY COMMISSIONER (SOUTH DISTRICT), DELHI

No:SC[redacted] Dated:3/5/2008

जाति प्रमाण पत्र
CASTE CERTIFICATE

प्रमाणित किया जाता है कि श्री/श्रीमति/कुमारी [redacted]
This is to certify that Shri/Shirmati/Kumari
सुपुत्र/सुपुत्री/पत्नी श्री [redacted]
Son/Daughter of
निवासी [redacted]
Resident of
राष्ट्रीय राजधानी क्षेत्र, दिल्ली मे ____________ जाति से संबंध रखता है/रखती है, जिसे अनुसूचित जाति तथा अनुसूचित जनजाति आदेश, (संशोधन) अधिनियम 1956 द्वारा अनुसूचित जाति के रूप में मान्यता दी गई है।
of the National Capital Territory of Delhi belongs to the **BALMIKI** Caste which is recognized as Scheduled Caste under The Scheduled Castes & Scheduled Tribe Orders (Amendment) Act, 1956.

श्री/श्रीमति/कुमारी ____________ और/अथवा उसका परिवार ____________ राष्ट्रीय राजधानी क्षेत्र, दिल्ली में सामान्यतः रहता/रहती है।
Shri/Shrimati/Kumari [redacted] and/or his/her family ordinary reside(s) at [redacted]
DELHI National Capital Territory of Delhi.

Dated : 3/5/2008

Seal

(RAJ KUMAR SAINI)
Tehsildar, HAUZ KHAS

指定カースト証明書　この証明書はヒンディー語と英語による表記．冒頭に「デリー副長官事務所（南ディストリクト）」．中央に「CASTE CERTIFICATE」，つまり「カースト証明書」と記されている

リスに送りたいと考え始めています」

コラム③

映画のなかのカースト——垣間見る慣習、差別、現実

カーストは、タージ・マハルやインド料理のように、具体的な姿形、味覚をもってイメージすることは難しい。そのため、筆者は授業や市民講座では、一通りの説明をした後、インド映画でカーストが出てくるシーンを観てもらう。具体的にどのような場面でカーストが現れているのか理解が深められるからだ。

インドは映画大国としても知られる。ただし、主たる娯楽作品のなかで、カーストやダリトを中心テーマに据えた作品は、まだ少ない。ここで紹介する作品は、必ずしもカーストを中心テーマに取り上げているわけではないが、製作者のカーストに関する意識や捉え方が興味深く表現されている。とくに注目してほしいのは飲食のシーンだ。食は普遍的な人間の行為だが、誰と食べるか、誰から水を受け取るかなどの食事作法は、カーストの慣習的規制と

深く関わっているからだ。各場面については上映開始からの時間について付記しておく。

二〇二〇年代に入り、ネットフリックスやアマゾンプライムビデオなどの動画配信サービスは、国境を越えて急速に拡大している。これまで容易に入手できなかったインドや南アジア地域の作品を日本語字幕付きで観ることが可能になった。教材としてもすぐれたこれらの作品を是非ご覧いただきたい。なお、ここで記載した年はインド公開時のものである。

『ムンバイ・ダイアリーズ』(二〇一一年)
日本でもヒットした『きっとうまくいく』(原題：3 Idiots、二〇〇九年)のアーミル・カーン主演で、大都市ムンバイを舞台に、宗教や階層も異なる四人の男女の人生が予期せぬかたちで交差していく。

＊シーン1(開始後三〇分頃)
シャイは、洗濯物を配達に来たムンナーにチャイ(インドでよく飲まれるミルクティー)を勧める。この場面で言葉では明示されないが、目線やしぐさで登場人物のカースト意識をうかがうことができる。

チャイをムンナーのために用意するように指示された家政婦のアネスは、複雑な表情をする。「なぜマダムは洗濯カーストのムンナーにお茶を出すのかしら」。

チャイができるまでのあいだ、シャイとムンナーは自己紹介を兼ねて雑談をする。ムンナーは貧しいビハール州から出稼ぎでムンバイに来ていること、食べるために出自カーストの仕事（洗濯業）をしていること、本当は映画俳優になりたいことを話す。シャイは、アメリカの銀行に勤めていること、趣味で持っている一眼レフカメラでムンナーのオーディション写真を撮る代わりに、カーストの仕事を撮りたいと伝える。

しばらく雑談が進んだところで、アネスがチャイの入ったコップを運んでくる。みると二つのコップは同じものではなく、一つは高級なマグカップで、もう一つは安いガラスのコップで、後者はダリトのムンナー用だ。

ダリト用のコップを別に用意する行為は、かつて村の茶屋でみられたダリト差別の典型的な慣習だ。地域によっては現在でも行われているという。それに気づいたシャイは怪訝《けげん》な顔で、何も言わずにガラスのコップを受け取る。ムンナーはトレイに残されたマグカップを受け取る。このシーンも、言葉で説明されることはないが、家政婦のふるまいやそれに反発するシャイの様子から、カースト意識のありようが映像に表現されている。

＊シーン2（開始後四七分頃）

ムンバイの観光名所にもなっている洗濯カーストの仕事場「ドービー・ガート」（映画の原題でもある）が映し出される。ドービーとは、ダリトに属する「洗濯カースト」のカースト名で、ガートとは「川や池などの岸に設けられた場所」を指す。ドービー・ガートは、洗濯カーストの洗濯場（仕事場で居住場にもなっている）を意味する。インド国外では、『ムンバイ・ダイアリーズ』という原題のカースト色を払拭したまったく異なるタイトルが付けられている。

この場面では、ドービー・ガートの後方には、金融・経済都市としてのムンバイの急速な発展を象徴する高層ビルが立ち並んでいる。対照的な構図がインド社会の現実を写しているようでもある。

ムンバイのドービー・ガート

シーンから洗濯カーストの仕事が集団で従事していることがわかる。市内から洗濯物を一ヵ所に集めて、床にたたきつけて汚れを落とす昔ながらの方法で洗う。天日に干し、アイロンをかけて雇用主の各家に配達するまでの一連の作業を行う。

配達先のマンションで、洗濯カーストのムンナーとアメリカから帰省していたシャイが一緒にエレベーターに乗り込むと、警備員が怪訝な顔で二人を見比べる。「なぜカーストの違う二人が一緒にいるのだろう」。言葉には出さないが、警備員の不躾な目線がムンナーを苛立たせている。

『ザ・ホワイトタイガー』（二〇二一年）

イギリスのブッカー賞を受賞したアラヴィンド・アディガのベストセラー小説を映画化した作品。ネットフリックスで世界配信されている。インド農村の貧しい家に生まれた青年バルラムが親の反対を押し切って村を離れ、都会で成功を手にしようと必死で生き抜く様子がシニカルに描かれる。バルラムが直面する数々の苦悩から、現代インド社会が抱える貧困と格差、カースト問題を浮き彫りにする。

＊シーン（開始後一時間三〇分頃）

主人と使用人（運転手）の間には身分の差が厳然と存在するが、ある事件をきっかけに、距離が縮まる。精神的に不安定に陥った主人が使用人バルラムの寝床に酔っぱらって現れる。素面のバルラムと酔った主人は初めて一緒に坐して、うたを歌う。主人に「気楽な人生でうらやましい」と言われたバルラムは、何とも言えない表情になる。飲酒という手段を通じて成り立つ異カースト間の「交流」の表現である。

『マリーゴールド・ホテルで会いましょう』（二〇一二年）

イギリス・アメリカ・アラブ首長国連邦製作で、インド映画ではないが、舞台をインドにしているため、紹介したい。国外からカースト、不可触民がどのように理解されているかがうかがえるシーンがある。

「インドの高級リゾートホテルで魅惑の日々を」という謳い文句に惹かれて優雅な老後やヴァカンスを過ごそうとイギリスからやってきた男女七人のドラマが展開される。実際のホテルは経営難で設備が整っていないことが到着後、徐々に明らかにされる。現地でのトラブルや異文化の戸惑い、人間関係に七人は翻弄される。予期せぬ出会いと体験を経て、人生を見つめ直す人びとのストーリー。好評を得て、続編も公開された。

＊シーン（開始後五八分頃）

ミュリエルがホテルの使用人のダリト女性アノーキーの自宅に招かれる場面。家々が密集したスラムに位置し、狭い部屋にミュリエルを一目見ようとたくさんの人が集まった。アノーキーがお礼の気持ちを込めて、豆カレーとチャパーティーを差し出して、緊張した面持ちで見つめる。「いまはおなかが空いていないの」と断りかけたミュリエルに、同行したインド人が「食べないと彼女を侮辱することになります」と小声で伝える。ミュリエルは意を決して、チャパーティーを口に入れた。その場の雰囲気はこの行為によって一瞬で和らぐ。

カースト社会で常に意識される「誰と食べるか、食べてよいのか」という問題を思い起こさせる場面である。

『スタンリーのお弁当箱』（二〇一一年）

ムンバイに住むインド人の少年スタンリーの地元の小学校を舞台にした物語。クラスメイトと教員との交流が展開される。日本と共通するお弁当文化を知るだけでなく、インドの初等教育や児童労働の問題についても考えさせられる作品。

＊シーン（開始後二五分頃）

授業中の場面。黒板の板書をノートに書き写すとき、主人公のスタンリーは隣に座っていた生徒と腕がぶつかる。スタンリーは左利きで、隣の生徒は右利きだったからだ。それを見た男性教師は、「君は左利きなのか？　食べるときもか？　それは問題だ。これからは右手で書きなさい。そうすれば、何事もすべて正しく進む」と注意する。

浄・不浄観の宗教的問題である。左手を不浄視するヒンドゥー教の慣習に従って、学校教育で左利きの矯正を指導する様子がうかがえる。だが、別のシーンでは左利きを問題視しない教員も出てくる。実際は対応に個人差もあるようだ。

『裁き』(二〇一五年)

ムンバイのマンホールのなかで、下水清掃人の死体が発見された。その直後に、民謡歌手の老年男性が「煽動的な歌で、下水清掃人を自殺に駆り立てた」という容疑で逮捕される。被告人と若手の人権派弁護士、亡くなった下水清掃人の妻、刑の確定を急ぐ検察官、下級裁判所の裁判官、目撃者たちがそれぞれの異なる立場から法廷に立つ。審議と法廷の外で同時に進行する彼ら彼女たちの日常生活にも焦点を当てることで、インドの司法制度やカースト、宗教、階級、政治などの幅広い問題を細やかに描いている。

＊シーン(開始後一時間一二分頃)

夫の死後、村に帰っていた妻が証言を求められて法廷に立つシーン。夫の普段の様子、仕事に関する質問を受ける。そのなかで、適切な清掃用具を与えられずに危険な下水清掃をさせられていたこと、それにより片目を失明していたことが明らかにされる。

インドで下水清掃は命がけである。妻はこう証言する。「〔夫は〕ゴキブリを探していた。下水に小石を投げて、虫が飛び出したら安全で中に入れると。『虫が出ないから休み』と、〔夫は〕時々帰ってきた」。不衛生というだけでなく、虫でさえも息ができないような空間で、作業中に窒息死するリスクと背中合わせの状況で働いている。

妻の証言は続く。こうした過酷な現場に行く前に、においに耐えるために、夫は毎日酒を飲んでいたと。

第5章　世界で姿が見えるとき

カーストは目に見えず、人びとの意識に存在する。B・R・アンベードカルは、早くからこの本質を見抜いていた。彼は著書『カーストの絶滅』のなかで、次のように明確に述べている。

> カーストは、ヒンドゥー〔教徒〕の混合を妨げているため引き倒されねばならない煉瓦の壁や有刺鉄線というような、物理的障害ではありません。カーストは観念であり、心の持ち方なのです。ですから、カーストの撤廃は物理的障壁の破壊ではありません。それは観念の改革です。〔傍点は原文ママ〕

この認識から、アンベードカルはカーストが依拠している宗教思想、つまりヒンドゥー教を徹底的に批判した。最終的にはヒンドゥー教を棄教し、仏教に改宗する道を自ら示した。

ヒンドゥー教徒		シク教徒		仏教徒	
13, 848, 473	99. 79%	2, 053	0. 01%	27, 552	0. 20%
2, 229, 445	99. 92%	1, 335	0. 06%	541	0. 02%
16, 563, 145	99. 97%	1, 595	0. 01%	2, 585	0. 02%
176, 283	88. 55%	22, 659	11. 38%	144	0. 07%
3, 208, 726	98. 00%	1, 577	0. 05%	63, 966	1. 95%
6, 047	97. 75%	0	0. 00%	139	2. 25%
6, 082	99. 31%	1	0. 02%	41	0. 67%
2, 780, 811	98. 88%	25, 934	0. 92%	5, 564	0. 20%
25, 265	99. 28%	7	0. 03%	177	0. 70%
4, 062, 061	99. 70%	1, 038	0. 03%	11, 348	0. 28%
4, 906, 560	95. 95%	204, 805	4. 01%	2, 250	0. 04%
1, 709, 634	98. 87%	15, 939	0. 92%	3, 679	0. 21%
913, 507	98. 76%	11, 301	1. 22%	183	0. 02%
3, 983, 629	99. 95%	669	0. 02%	1, 346	0. 03%
10, 418, 989	99. 47%	2, 100	0. 02%	53, 903	0. 51%
3, 039, 057	99. 98%	291	0. 01%	225	0. 01%
11, 140, 007	98. 22%	2, 887	0. 03%	199, 426	1. 76%
8, 060, 130	60. 71%	11, 484	0. 09%	5, 204, 284	39. 20%
97, 238	99. 91%	39	0. 04%	51	0. 05%
16, 718	96. 33%	528	3. 04%	109	0. 63%
1, 102	90. 48%	9	0. 74%	107	8. 78%
7, 186, 698	99. 98%	825	0. 01%	940	0. 01%
196, 261	99. 97%	33	0. 02%	31	0. 02%
3, 442, 305	38. 85%	5, 390, 484	60. 84%	27, 390	0. 31%
11, 999, 984	98. 19%	214, 837	1. 76%	6, 772	0. 06%
28, 016	99. 08%	15	0. 05%	244	0. 86%
14, 435, 679	99. 98%	1, 681	0. 01%	1, 085	0. 01%
654, 745	99. 97%	69	0. 01%	104	0. 02%
41, 192, 566	99. 60%	27, 775	0. 07%	137, 267	0. 33%
1, 883, 611	99. 53%	7, 989	0. 42%	916	0. 05%
21, 454, 358	99. 96%	3, 705	0. 02%	5, 207	0. 02%
189, 667, 132	94. 18%	5, 953, 664	2. 96%	5, 757, 576	2. 86%

Nagalandのデータなし（除く）．現行の政策では、指定カーストに含まれる宗教
「外来の宗教」として指定カースト政策の対象から外されている．実際にはこの
の恩恵を享受していない．また人口や社会指標に関する公式統計がないことから

成（2021年7月18日アクセス）

5-1　各州・連邦直轄地における指定カーストの宗教別人口，2011年

州・連邦直轄地	3つの宗教人口の合計
アーンドラ・プラデーシュ	13, 878, 078
アッサム	2, 231, 321
ビハール	16, 567, 325
チャンディーガル	199, 086
チャッティースガル	3, 274, 269
ダードラー及びナガル・ハヴェーリー	6, 186
ダマン・ディーウ	6, 124
デリー	2, 812, 309
ゴア	25, 449
グジャラート	4, 074, 447
ハリヤーナー	5, 113, 615
ヒマーチャル・プラデーシュ	1, 729, 252
ジャンムー・カシュミール	924, 991
ジャールカンド	3, 985, 644
カルナータカ	10, 474, 992
ケーララ	3, 039, 573
マディヤ・プラデーシュ	11, 342, 320
マハーラーシュトラ	13, 275, 898
マニプル	97, 328
メガラヤ	17, 355
ミゾラム	1, 218
オディシャー（オリッサ）	7, 188, 463
プドゥチェーリ（ポンディシェリ）	196, 325
パンジャーブ	8, 860, 179
ラージャスターン	12, 221, 593
シッキム	28, 275
タミル・ナードゥ	14, 438, 445
トリプラ	654, 918
ウッタル・プラデーシュ	41, 357, 608
ウッタラーカンド（ウッタラーンチャル）	1, 892, 516
西ベンガル	21, 463, 270
合　計	201, 378, 372

註記：Andaman & Nicobar Islands UT、Arunachal Pradesh、Lakshadweep UT、
集団はヒンドゥー教，シク教，仏教に限定される．イスラーム教やキリスト教は
2つの宗教を信仰するダリトも多くインドに居住しているが，指定カースト政策
実態が明らかになっていない
出典：https://censusindia.gov.in/2011census/SCST-Series/SC14.html より筆者作

アンベードカル没後、彼の遺志を継いで多くの信奉者たちが仏教に集団改宗したことはすでに述べた。しかし、改宗は地域やカーストに大きな偏りがみられ、アンベードカルの出身州西インドのマハーラーシュトラ州や近隣の州、彼のカーストと近いカーストに集中している。

前頁の5-1は、各州・連邦直轄地における指定カーストの宗教別人口を表したものである（二〇一一年）。インド全体をみると、ヒンドゥー教徒が九四・一八％と多数を占め、シク教徒は二・九六％、仏教徒は二・八六％と少数である。そのなかで仏教徒の人口比をみると、大部分の州・連邦直轄地が一％未満から多くて九％弱であるのに対して、アンベードカルの出身であるマハーラーシュトラ州は三九・二％と突出している。こうした偏在は、アンベードカルの思想と仏教改宗運動の影響の度合いが反映していると考えられる。

他方、宗教を変えてもカーストはいまなおインドに根付いている。この章では、最近のダリトをめぐる新しい状況について述べていく。

近年、ダリトのなかでも個人の努力や留保政策などによって高学歴や高位の職に就く者が増えている。彼らについては前章でも少し触れたが、彼ら・彼女たちのなかでダリトという出自を明らかにする若者たちが増えている。その一方、旧来と変わらないダリト差別による事件は頻発する。それは増加の傾向すらある。こうしたなかでダリトの新しい世代はどのように考え、行動しているのかみていきたい。

1　若者たちのカミングアウト

一九八〇年代生まれの二人の主張

仏教改宗者はダリトのなかでも少数派であるように、カースト撤廃の手段や気持ちは、改宗運動によってのみ表明されるわけではない。その人の地位や世代、ジェンダーなどによってさまざまだ。「カーストをほとんど意識しない」「インドにカーストはない」と語る人がいる一方で、意識せざるを得ない人もいる。

カースト・システムは、インド人の生活のあらゆる場面に存在し、見えないが強力な特徴を持つ。それは不公平で、特定の人びとを他よりも本質的に劣っているものとして扱う。多くの特権的な人びとは、生活のなかで、その影響を必ずしも認識していないが、このシステムで不利な条件に置かれた人びとにとっては厳しい現実だ。

（*Coming Out as Dalit: A Memoir*）

ヤシカ・ダット

スーラジ・イエングデ

このように記したヤシカ・ダット（一九八六〜）は、カーストのなかで不利な条件に置かれていると自身を位置づける。ダリトの清掃カーストであるバンギー出身のダットは、近年注目される若手作家の一人だ。ジャーナリズムを学ぶためにアメリカのコロンビア大学大学院へ留学した経歴を持つ。二〇一九年に彼女は、自身のブログで出自をカミングアウトした体験に基づく回想録を英語で出版した（*Coming Out as Dalit: A Memoir*〈『ダリトとしてカミングアウトすること――回想録）』〉）。

これまでもヒンディー語やマラーティー語などのインド諸語で書かれたダリトの体験記や自伝は出版されてきた。だが、ダットのように英語教育を受けた高学歴の若者世代がカースト観や被差別の経験を率直に英語で語る作品はあまりなく、女性であることも新鮮だった。

実際に、刊行後まもなく話題を呼び、多くのメディアが取り上げた。二〇二〇年には、名誉あるインド文学アカデミーから若手に贈られる賞 Sahitya Akademi Yuva Puraskar を受賞し、今後の活躍が期待されている。

ダットのような高学歴のダリトカースト出身の若者が、経験をもとにカーストを取り上げる出版活動は、新しい傾向かもしれない。同じく二〇一九年にハーバード大学の研究員スーラジ・イエングデ（一九八八〜）が *Caste Matters*（『カーストは重要だ』）を英語書籍最大手のペンギン・ブックスから刊行している。

Caste Matters は、ダットの回想録と比べると自身のカースト体験の記述が乏しい印象を与えるが、その特徴は経済的にはミドルクラスに属するダリトの態度を批判的に論じていることだ。出自コミュニティから足を遠ざけようとする態度や、私利私欲を優先させる政治運動についてである。従来カーストについての出版物では、バラモンなど上位カーストによる圧制を一方的に非難する作品がよく見られたが、それとは主張が大きく異なり興味深い。

世界共通の差別の一つ

ダットとイエングデの本には、二つの共通点がある。

まず、ダリト出身者が、犠牲者・被害者として語られてきたことへの拒絶だ。二人の物語には「哀れな」「かわいそうな」ダリトは登場しない。差別を受けてきたエピソードはあるが、むしろ自分たちがダリトのレッテルを貼られてきた状況に対して、いかに対抗し、克服してきたかという強さや逞《たくま》しさに焦点を当てている。

たとえば、家族で初めて高等教育を受けた第一世代のイエングデは、幼少期に自らの能力や個性を周囲が認めてくれなかった困難を告白する。ダットは両親の教えに従い、出自を隠して、上位カーストになりすまして生きてきた過去の葛藤《かっとう》を、カミングアウトすることで克服し、自尊心を取り戻す物語として描いている。

次にカーストをインド国内の問題にとどめず、世界各地に共通する差別現象の一つとして捉え直し、共闘する必要性を主張していることだ。近年注目される反人種差別運動のBLM(Black Lives Matter)運動に共感し、国境を越えた連帯意識を高めているのだ。そこには、二人がアメリカというインド国外の経験があるからだろう。留学先で人種問題が活発に議論される環境に身を置くことで、カーストに関する説明や意見を求められるようになったからだと言える。

ダットとイエングデの輝かしい経歴をみると、かつての貧しく哀れなダリトというステレオタイプとの隔たりに驚かされる。

ダットは一八八一年創立されたインドの名門セント・ステファンカレッジを卒業し、奨学金を得て、アメリカのコロンビア大学大学院でジャーナリズムの修士号を取得した。イエングデも修士課程から海外に留学する機会を得て、イギリスのバーミンガム・シティ大学大学院で国際人権法を学び、その後、南アフリカのウィットウォーターズランド大学で博士号を取得した。現在はアメリカのハーバード大学院の研究員として順調にキャリアを築いている。

このように数世代を経て、ダリトらの状況や意識にも変化が起きている。今日のダリト差別やカーストをめぐる問題を考えるときには、「変わらないこと」と「変わりつつあること」の両方に目を向ける必要がある。

ただし、高等教育を受けて、経済状況が改善されたとしても、いまなお進学や就職、そして結婚といった人生の重要な局面で、カースト出自が足枷となることも少なくない。

そのような不当な扱いに直面し、公然と異議を申し立てて抵抗する若者も増えつつある。社会の慣例に逆らい、変化を求める動きは、変わることを拒む反動勢力によって、悲劇的な結末を迎えることもある。後述するが集団暴力や若者の自殺は、「変わらないこと」と「変わりつつあること」が交差するなかで起きているのだ。

2　ダリトを標的にした集団暴力

強まる排外主義

二〇二〇年、世界中に新型コロナウイルスが蔓延《まんえん》した。一年が経過しても収束の兆しは見えず、インドは二〇二一年五月時点で、アメリカに次ぐ二番目の感染者数だった。

各国政府が対策に追われるなか、雇用の喪失や外出規制により、人びとの不満は高まった。社会不安から他者への寛容さが失われ、異質なものを排斥する風潮が強くなる。攻撃の矛先は、マイノリティに向かいやすい。アメリカでは、アジア系住民を標的にしたヘイトクライム（憎悪犯罪）が急増した。一六の都市で二〇二〇年に起きたヘイトクライムの件数は、前年の二・四倍という調査報告がある。

インドも排外主義的な潮流を免れず、イスラーム教徒やキリスト教徒といった宗教マイノリティやダリト、トライブの人びとを標的にした犯罪が増えていた。

インドでは、実は新型コロナウイルスの蔓延前から、ヒンドゥー・ナショナリズムの浸透による暴力的で、排外主義的な動きが憂慮されていた。二〇一四年にヒンドゥー・ナショナリスト政党であるインド人民党（BJP）のナレーンドラ・モーディーが首相に就任して以降、その傾向は顕著だ（コラム①「カーストとインド現代政治」参照）。

「牛保護団」の活動、ヒンドゥー教へ強制的に改宗させる運動が強まり、イスラーム教徒、キリスト教徒およびダリトなどのマイノリティを暴力的に排除しようとする動きがインド各地で顕在化している。牛保護団にはインド人民党の支持母体である民族奉仕団（RSS）、世界ヒンドゥー協会（VHP）などヒンドゥー・ナショナリスト組織が関わっているとされ

5-2　指定カースト，指定部族への犯罪件数の推移，2014〜19年

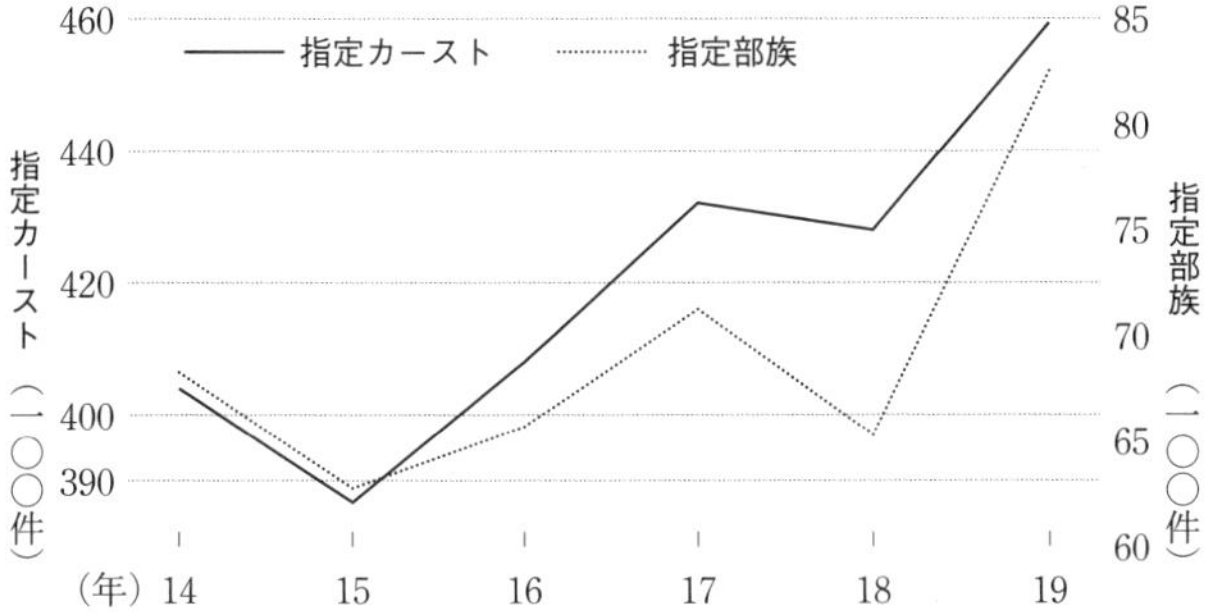

出典：National Crime Records Bureau の報告書より筆者作成

る。

国際人権NGOアムネスティの調査結果によれば、インドでマイノリティを標的にした憎悪犯罪の件数は二〇一六年から急増している。二〇一九年一〜六月のあいだに一八一件の憎悪犯罪が登録されたが、これは過去三年間の同様の期間件数の約二倍である。

排外主義の動きは、政府の公式統計でも確認できる。ダリトと指定部族への犯罪は、一般犯罪に適用される刑法とは異なる。彼らへの暴力や差別行為については、特別な法律「指定カーストおよび指定部族法」（残虐行為防止法。一九八九年。二〇一六年改正）によって規定されている。内務省管轄の国立犯罪記録局（NCRB）が毎年公表する年次報告書によれば、指定カーストや指定トライブへの犯罪件数は二〇一五年から増加している（5-2）。

ここでは、二〇〇〇年代に発生した暴力事件のうち、

清掃カーストのバールミーキに関わる例を挙げていく。

インドの集団レイプ事件

二〇二〇年九月一四日、首都デリーに隣接するウッタル・プラデーシュ州のハートラス県で、バールミーキの一九歳女性が四人の男に首を絞められて集団レイプされた。彼らは上位カーストのタークルと報じられている。女性は家畜用の餌を集めに野原へ出かけ被害に遭った。舌を切られ、脊髄《せきずい》を損傷する大怪我を負い、彼女は半月後に入院先で亡くなった。

遺族の証言によれば、事件直後に警察へ行ったが事件として処理されず、事件六日後まで登録を待たなければならなかったという。また、被害女性が亡くなった日の夜中、地元警察は遺族の同意を得ずに遺体を火葬した。遺族は強制葬儀に抗議し警察を訴えた。

被害者の女性が亡くなった同日の九月二九日、同州ではダリトの女性をターゲットにした集団レイプ事件が連続した。州政府と警察は適切な対応を怠ったとして、激しい批判を浴びる。一〇月三日には、首都デリーで抗議集会が開かれ、「ダリト女性の命も大切だ」(**Dalit women lives matter**) と書かれたプラカードを掲げた女子学生、人権NGOの団体が集結した。

インドで起きた凶悪な性犯罪は、二〇一二年に起きたデリー集団レイプ事件がよく知られる。首都デリーで、夜とはいえまだ人目がある時間帯に、運行中のバス車内で女子学生が襲われたのだ。その犯行の残虐性は世界中に衝撃を与えた。インド全国で大規模な抗議運動が沸き起こり、海外メディアでも大きく報道される。なお、このときの女性はダリトではない。いずれにせよ、インドは治安問題、とくに女性の安全については政府が取り組むべき主要な課題の一つのはずだった。

カーストの観点から見た性犯罪

性犯罪についてカーストの観点から見過ごしてならないのは、とくに以下二点である。

第一に、ダリトカーストの女性が性犯罪の犠牲者になりやすいことだ。

国立犯罪記録局の統計によると、二〇一六年から一九年にかけてレイプ事件全体の件数は約一七%減少した。だが、ダリトカースト女性の被害件数は約三七%も増加している。ハートラス県の事件のように、警察の怠慢や何らかの妨害によって被害が登録されない可能性を考慮すると、実際の件数はさらに多いことが推測される。家父長制の影響が強く残るインド社会では、上位カースト男性から日常的にダリトの女性たちが受けてきた暴力は、カースト秩序とジェンダー秩序が絡み合う抑圧的構造の表れである。

第二に、ダリトへの虐待やレイプ事件は、必ずしも公共的議論を呼び起こすには至らなかったことだ。

ダリトへの暴力は過去にも数え切れないほど起きてきたが、日常的であり重大な社会問題として認識されてこなかった。二〇一二年のデリー集団レイプ事件の報道が過熱するなか、「もし被害者がダリトカースト出身者だったら、これほど注目されただろうか」という疑問を抱いたのは、筆者だけではなかっただろう。

インド社会でダリト問題への無関心が広くみられる背景には、主要なメディア報道のあり方も大きく影響している。他人事ではない私たちの問題としてメディアが事件を犠牲者について、私たちの一人として提示してこなかったことは否めない。筆者の調査経験でも、事件の第一報や詳細を知るためには、メディアからではなく、カーストコミュニティのネットワークを介して人伝に聞くか、支援団体のNGO組織から情報を得ることが多い。

メディア報道の偏向は、より広くみれば民主主義の健全な発展にも深刻な影響を与える。ノーベル経済学者アマルティア・センとジャン・ドレーズによるこの問題についての批判は厳しい。「インドのメディアには複雑な歪《ゆが》みを数多く見出すことができるが、ニュースの選び方や政治に関する分析にみられる姿勢から判断すると、インドの貧困層の暮らしぶりにあまりにも無関心なのは明白である」(『開発なき成長の限界』)

メディアが歪みを強めているのは、広告収入によって成り立つビジネスであり、メディア関係者がカーストや階級の面で恵まれた集団に属する傾向がきわめて顕著だからでもある。

近年は、こうした状況に抗するため、ダリトのイニシアティヴによる新たな試みもある。それは「ダリト・メディア」と呼べるもので、ダリト出身の社会活動家、研究者やジャーナリストたちが事件報道や現場のインタビューを自分たちの媒体で発信する手法だ。

たとえば、二〇一一から一二年にかけて開設された「ダリト・カメラ」はその先駆けだ。ダリトが被害者となる暴力事件の報道を主体として、アンベードカルの著作や最新のカーストおよびダリト研究の読書会、文化イベントを開催し、エッセイや論考を発表する場をオンライン上で提供している。インド国内外をつなぐプラットフォームの役割も担っている。携帯電話とスマートフォンの普及率が、それぞれ約八四％（二〇二〇年）と約四六％（二〇二二年）と、通信環境が整備されつつあるインドでは、メディア空間も急速に個人化・多様化し、変化の過渡期にある。

地主カーストによる集団襲撃

ダリトをターゲットにした暴力事件は、土地の所有権をめぐっても頻発している。土地所有層のカーストとダリトカースト間で抗争が近年激しさを増しているのだ。北インドで起きた「ゴーハーナー事件」は、それを象徴するものとして人びとの記憶に刻まれている。

二〇〇五年八月三一日、首都デリーから北西に九〇キロ離れたハリヤーナー州の小都市ゴーハーナーで、バールミーキを標的にした集団襲撃が起きた。「ゴーハーナー事件」である。

被害者から聞き取りを行った人権NGOの報告書によれば、地主のジャートとバールミーキによるカースト間の争いだった。バールミーキを襲った暴徒は、一五〇〇～二〇〇〇人と推定される。その規模から計画があったことは明らかだ。ジャートはカースト集会を開いた後、棍棒《こんぼう》、斧《おの》、ガソリンを手にしてバールミーキの居住区に入り略奪や破壊をし放火した。襲撃は四時間にも及び、バールミーキの約六〇家屋が被害に遭った。

地元警察の対応が遅れたことが事態をさらに悪化させた。また、警察の不適切な行動も指摘されている。事件当時、現場には一五〇～二〇〇人の警察官がいたが、暴徒の犯行を取り押さえずに静観し、略奪に加わった者もいたという。

ゴーハーナー事件の抗議集会でスピーチをする人びと

警察は事件前から両カースト間の暴力事件が発生する可能性を把握していたにもかかわらず、予防措置を講じなかった。現場の最前線で市民を守る責務を負うべき警察の非協力的態度は、先述した二〇二〇年九月の集団レイプ事件とも重なる。

ゴーハーナー事件が起きた背景には、以下のような現地社会の状況があった。

ジャートとバールミーキとのカースト間対立は、二〇〇一年八月に遡る。きっかけは、土地をめぐる問題だった。ゴーハーナーには、ヴァールミーキ詩聖を祀った寺院があり、バールミーキ住民の信仰の場だった。二〇〇一年八月にジャートが「寺院の土地は、ジャート所有のものである」として地方裁判所に訴えたが却下される。その後もジャートはヴァールミーキ詩聖を祀った寺院を撤去するように要求し続け、ゴーハーナーの副警視官の後ろ盾を得て露骨な嫌がらせを行っていたという。

バールミーキは抵抗し続けた。さらに、教育や経済面で豊かになりつつあるバールミーキたちは、慣習的に強いられてきた強制労働を数年前から拒否する態度を表明する。ゴーハーナーのカースト間ではすでに緊張が高まっていたのだ。

事件の直接のきっかけ

ゴーハーナー事件の直接のきっかけは、両カーストの若者同士の喧嘩でジャートの青年が死亡したことからだった。それを契機に蓄積していたジャートの不満が爆発したと考えられている。

二〇〇五年八月二七日、ゴーハーナー事件が起きる四日前、ハリヤーナー州の州都チャンディーガルで公務員として働くバールミーキー出身の青年が、休日に妻と子どもに会うためにゴーハーナーを訪れていた。妻の配給カードの更新に写真が必要だったため、夫婦で近所の写真屋に出かけた。配給カードは、政府が低所得層に配布し政府系の食料店で提示すると市場価格よりも安く購入することができる証明書だ。

写真屋の店主は不在で、店内には数名のジャートの青年たちが座っていた。彼らはひどく酔っていた。店に入ってきたバールミーキの青年と彼の妻を見たジャートの若者は、妻に猥《わい》褻《せつ》な言葉を浴びせ両者は口論となる。他のバールミーキの若者も加勢し、言い争いは暴力に発展し、このなかでジャートの青年が一人死亡する。

ジャートの人びとは「カーストのプライドを傷つけられた」と警察に苦情を訴えた。その後、四人のバールミーキの青年が逮捕されたが、ジャートの怒りは収まらなかった。翌八月二八日、ジャートは大集会を開き、「四八時間以内に犯人が捕まらなければ、ジャートはすべてのバールミーキの居住区を燃やす」と警察と行政に訴えた。

現地のバールミーキの人びとは、ジャートの報復と警察からの嫌がらせを恐れ、八月三〇日までに一五〇〇～二〇〇〇人の住民が近隣地域への集団避難を余儀なくされた。これについては地元警察が逃げるように事前に呼びかけたとも言われる。

八月三一日、再びジャートのカースト集会が開かれた。ここでバールミーキ居住区を襲う決議が行われ、この日のうちに計画が実行されたのだ。なお、事件後の捜査で、当時同州から選出の国会議員とその親族が、首謀者として事件全体に関与した疑いが報じられている。

二〇〇五年のゴーハーナー事件は、ハリヤーナー州の管轄を超えたインド中央捜査局（CBI）による調査も行われた。しかし、その進展は遅く、現地で被害を受けた地域と住民のケアはほとんど行われていないという。カースト間の暴力は後を絶たず、その後の暴力を防ぐことができていない。

暴力の連鎖――犬が吠えたから……

二〇〇七年八月二七日、ラケーシュという名前のバールミーキの青年が殺された。彼は、ゴーハーナー事件の直前に起きたジャートとバールミーキとの若者同士の争いで死亡したジャートの青年の殺人容疑で拘留されていた人物だ。

ラケーシュは無罪を主張し、裁判では証拠不十分で無罪放免となっていた。殺人事件は、ラケーシュ釈放の数日後に起きている。彼はジャートからの報復を恐れ、釈放後の身の保護を地元警察に求めたが、ジャートと関係を持つ警察は、手立てをとくに講じなかったという。

ラケーシュ殺害後も、ジャートによるバールミーキへの攻撃はやまなかった。ゴーハーナーのバールミーキ住民たちは、首都デリーへ再び集団避難を強いられる。現地社会ではカースト間の緊張状態が続き、暴力の連鎖が起きていた。

二〇一〇年にもハリヤーナー州の農村で類似のカースト間の争いによる襲撃事件が起きた。「ミルチプル事件」と呼ばれるものだ。二〇一〇年四月一九日夜、ミルチプル村で約三〇〇人のジャートの暴徒がバールミーキの居住区を襲った。数十軒の家屋から家財道具を略奪し、火を放った。

ミルチプル村のバールミーキがペットとして飼っていた犬が、ジャートの若者に向かって吠えたことが事件の発端と言われる。その二日後の四月一九日に三〇〇人のジャートの暴徒が「復讐」としてバールミーキ集落を襲った。女子学生と彼女の父親が生きたまま焼かれ、父親は亡くなった。目撃者の証言によると、現場には警官も駐在していたにもかかわらず、暴徒の襲撃を防がず傍観していたという。地元警察と暴徒集団が事前に通じていたとの疑惑もささやかれている。

二〇一〇年一二月九日、インド最高裁判所は、事件の調査管轄権をハリヤーナー州政府以外に移すように命じた。住居を失い、さらなる報復を恐れたミルチプル村のバールミーキは、村を離れるよう強いられ、親戚や知人を頼って避難した。デリーのヴァールミーキ詩聖寺院の周辺や北デリーのバールミーキの多く住むコロニーは避難所を提供したと言われる。バールミーキのカースト団体は、寝場所や食事を提供するなどの生活支援を行っていた。政府からの支援は十分と言えず、しかるべき保護措置をとるようカースト団体は要求活動を展開している。

現代的暴力の時代

ここまで二〇〇〇年代に起きたダリトをターゲットにしたレイプや暴力事件を述べてきた。これらの事件は、少なくとも四つの特徴がある。

第一に、かつては慣習的に黙認されてきた暴力や差別行為は、独立後に施行されたインド憲法によって明確に否定し、禁止されているにもかかわらず、いまだ続いていることだ。

第二に、暴力を受けたダリトは被害者として沈黙したままではなく、カースト帰属を土台とした組織による抗議活動を行い、自らの権利を主張する行為主体者としてアピールしていることだ。

第三には、暴力行為や抗議、要求活動はいずれも個人ではなく、カースト単位で行われていることだ。カースト帰属が生まれながら決定される社会で、カーストやダリトという集団カテゴリーは個人の外にあるが、強制力を持つ社会的現実である。

第四に、暴力の変化だ。近年、ダリトのなかで社会経済的に上昇した人びとへの上位カーストの嫉妬や不満による暴力、残虐行為（atrocities）が増えている。これは、伝統的暴力と区別して、「現代的暴力」（modern violence）とも呼ばれる。両者の違いは何か。

独立以降、ダリトやマイノリティの社会経済的条項の改善に貢献した国策の一つに、いままで何度も述べてきた留保制度政策がある。繰り返すが留保制度は、いわゆるアファーマティブ・アクションに類し、連邦・州議会の議席、公務員の採用、高等教育の入学時に人口比に相当する留保枠を特定集団の出身者に限定して与える。ダリトカーストに属する人びとは、指定カーストと一括されて対象集団に含まれている。

先述したダットやイエングデの経歴は、留保制度を活用することによって潜在能力を開花させる機会を得たと言えよう。親世代が経験していない人生を子の世代は歩んでいる。

しかし、その新しい道は必ずしも平坦ではない。ダリトの若者世代の意識と環境が変化する一方で、社会自体の変革は進んでいないからだ。彼・彼女たちを受け入れない人びとは新しい変化に反発する。現代的暴力は、新しい現象に対抗するバックラッシュとして理解することができる。

公務員は増えたが、下級職が多い現実

ダリトの社会進出を知る手がかりとして、公務員のデータが参考になる。5-3は、二〇〇四〜一四年（データのない年もある）に、連邦政府職における指定カースト留保対象集団

の人数と割合を示したものだ。統計からは、指定カーストが、人口比に相応する数値でおおむね推移していることがわかる（出典で二〇〇四〜〇九年の数値は清掃職を除いたものとされる）。

しかし、第3章でも記したように階級別にみると、第3章3-11（一四〇〜一四一頁参照）は留保枠の充当率に大きな差異がある。連邦政府職を階級別にみた各留保集団の人数と割合（二〇一八年）を表しており、A、B、Cについては3-11の掲載ヵ所で記した通りである。

グループAは上級のオフィサー、管理職だが、留保枠の充足率が低い傾向にある。二〇一八年の数値では、指定カーストが一三・七％、指定トライブが六・〇％である。一方、グループCは下級事務職と清掃職で、とくに目を引くのは、清掃職を見た場合、指定カーストの割合が高いことだ。人口比を大幅に超える三九・六％である。

この数値は、ダリト特有の仕事と

5-3　連邦政府職の指定カーストの人数と割合　2004〜14年

年	指定カースト	
04	50万人	16.6%
05	51万人	16.7%
07	45万人	16.5%
08	48万人	16.5%
09	49万人	16.4%
10	52万人	17.2%
12	52万人	17.6%
13	46万人	17.0%
14	56万人	17.6%

註記：数値は小数点以下第1位までとし第2位を四捨五入して示している

出典：Ministry of Social Justice and Empowerment, 2018. *Handbook on Social Welfare Statistics* の Table 5.1.

されてきた清掃業を、いまなおダリト出身者が多く担い、職業移動が低いことを示している。ダリトは職業や労働機会が限られている。蔑視される清掃職であっても公務員のポストは安定した生活を保障するため、競争率が高いことも事実だ。さらに、ダリトの社会進出を促進させるためには、上級職の合格基準に達する学力の底上げが課題だ。

公務員のデータは、職場が集中する都市部のダリトの状況を把握するうえで参考になるが、集団的暴力が起きやすい農村部ではどのような変化があるのだろうか。

パワーバランスの揺らぎが事件を生む

近年の農村部で起きているカースト間対立の多くは、地主カーストとダリトカーストの緊張関係に起因する。これは既存の農村社会の秩序を支えてきたカースト間のパワーバランスが大きく揺らいできたと考えられている。

北インドでは、カーストのヒエラルキーでは中位に属するジャートは、先述した事件の地域では地主層を占める。地域の農村経済を仕切るいわゆる「支配カースト」である。しかし、一部のダリトカーストが台頭し、ジャートは以前のように圧倒的な豊かさを維持することが難しくなってきている。

また、政府の介入が農村部の政治状況に変化をもたらしている。インドでは独立後の一九五〇年代に「パンチャーヤット制度」が導入された。これは農村の民主化を目的とした地方行政・自治についての基本的な制度で、選挙で選ばれた議員や長が、開発や福祉、地域行政の意思決定を司る。しかし、実際には地主カーストがこれらの要職を仕切ってきたため、パンチャーヤット制度は批判されてきた。そのため一九九三年の第七三次憲法改正で、三分の一の議席留保が、すでに実施されてきた指定カーストと指定部族に加えて、女性を含めることを義務付けた。こうした政府の介入により、マイノリティの発言力が村落政治で徐々に強くなっている。こうした変化にも反発が強まっている。

ダリトが犠牲となる集団的暴力は北インドに限ったことではない。カースト間のパワーバランスが揺らいでいるインド各地の農村社会で起きている。暴力の目的は、既存のカースト秩序を破ったことに対する報復、見せしめである。その犯行が残酷であればあるほど、人びとに恐怖心を植え付ける効果をもたらす。裸で村内を歩かされる、集団レイプに遭い殺される、生きたまま焼かれるなど、その犯行は信じがたいほど凄惨を極めている。

消えない残虐行為

二〇〇〇年代に発生した虐殺事件のうち、注目された二例をここでは挙げておく。

インド西部のマハーラーシュトラ州ケールラーンジー村は、一九五六年にアンベードカルがヒンドゥー教を放棄し仏教に改宗した土地として知られ、新仏教《ネオ・ブッディズム》運動の盛んなナーグプル市の近くに位置する。

二〇〇六年九月、アンベードカル主義者で改宗仏教徒の家族四人全員が虐殺される事件が起きた。女性たちは、裸で村を引きずり回され、集団レイプに遭い殺された。男性たちも切り刻まれ、遺体は用水路に打ち捨てられた。

主要メディアでは被害者のカースト情報を伏せ、事件の詳細はしばらく明らかにされなかったが、現地調査を行ったNGOの告発によって事件の惨状とその深刻さが認識された。

また、インド西部グジャラート州で集団リンチ事件が起きた。現首相モーディーの出身州であり、経済発展のモデル州として注目されているところだ。

二〇一六年七月、ヒンドゥー・ナショナリスト組織が関わっているとされる「牛保護団」のメンバーが、牛皮を運んでいたダリトを集団リンチし、暴行の様子をスマートフォンで録画しインターネットで流した。

ヒンドゥー教で死は不浄と考えられ、動物の屍体処理はダリトが担ってきた。自然死した牛を解体し、そこから得られる肉や皮はダリトの取り分とされた。皮革産業にダリトが多く従事しているのはそうした理由による。

ダリトたちは死んだ牛の皮を剝いで運んでいると主張したが、牛保護団のメンバーたちは、それを聞き入れず、彼らをリンチしたのだ。

牛に関連して、イスラーム教徒も犠牲者となる事件が起きている。牛皮や牛肉を扱う生業に関わってきたことや、牛肉を自宅の冷蔵庫に保存していたと主張してイスラーム教徒の男性を集団暴行し殺害した事件も起きている。

こうした人道に反する残虐行為は、先に触れた残虐行為防止法によって罰せられる。その犯罪件数は二〇一五年から増加傾向にあることもすでに述べた。しかし、現地警察は必ずしも被害者を保護する行動をとらない。警察の協力を得られず、事件化されずに闇へ葬《ほうむ》られる被害は数多く存在する。インドでは警察官への信頼度が低い。また、事件化できても裁判の過程で、残虐行為防止法が適用されないケースも多くあるという。

3　高等教育での差別――増加する自殺者

ダリト出身の大学院生の自殺

残虐行為の実態は、関心を寄せる弁護士、研究者、NGOのネットワークを通じた継続的な活動によって世間に公表され認識されてきた。まずは無関心から関心へと、人びとの意識が変わる必要がある。

二〇一六年一月一七日、IT都市として発展を遂げているインド中南部のテランガーナ州にあるハイデラバード大学で、一人の大学院生が大学の寮で遺書を残して自殺した。ダリト出身のローヒト・ヴェームラーである。

当初、この事件は大きな注目を集めなかった。過去にも自殺したダリト出身の学生がいたからだ。テレビのニュース番組「インディア・トゥデイ」（二〇一六年一月二〇日）に出演したダリト問題に詳しい経済学者スクデーオ・トーラートの解説によれば、ハイデラバード大学では、二〇〇八年と一六年にダリトカースト出身の学生が二人自殺している。また、ハイデラバード市内では九人が、さらに北インドのデリー、ラクナウ、カーンプル、チャンディーガルといった都市では一四人が自ら命を絶ったという。

データがないため、ダリト出身の学生に特有の現象とみるべきなのかは判断が難しいが、大学院まで進学できたダリト出身の学生が、なぜ自殺を考えるほど追い込まれていたのだろうか。彼ら・彼女たちの死は、インド社会に突きつけた問いだ。

報道によれば、ヴェームラーの自殺の背景には、大学当局とヒンドゥー至上主義を掲げる全インド学生協会（ABVP）との関係が影響を与えたとする。全インド学生協会は民族義勇団（RSS）傘下の学生自治団体であり、その背後にはインド人民党がいる。

学生自治組織の運動に活発だったヴェームラーは、ダリト出身の学生で構成されるアンベードカル学生組織（ＡＳＡ）の中心メンバーだった。アンベードカル学生組織は、急進的なマルクス主義学生団体と共闘していたダリトの学生グループが一九九四年に分離し設立した組織だ。

設立当初の目的は、留保制度を活用し大学に進学できるようになったダリト学生を対象としたさまざまな支援だった。インドの大学では、英語による授業や事務手続きが一般的である。ダリト学生のなかには経済的に苦しい家庭環境の者も多く、入学時点で他の学生と比べて英語能力や経済力で大きな格差がある。入学後の手続きや奨学金の獲得、いじめの防止など、ダリト学生の大学生活を支援する取り組みをアンベードカル学生組織のメンバーが担っていた。

ダリト学生の増加にともないアンベードカル学生組織の活動領域も拡大し、二〇〇七年頃から大学での政治活動も始めたという。ヴェームラーが関わっていた活動には宗教マイノリティのイスラーム教徒を擁護する活動も含まれていた。そのため大学当局から反国家的とみなされ、アンベードカル学生組織のメンバーは奨学金の停止や大学寮や構内からの退去を命じられていた。そうした状況下で、ヴェームラーは命を絶ったのだ。

英語で書かれた遺書

おはよう。

この手紙が読まれる頃、もう私はいないだろう。怒らないでほしい。私を愛し、よくしてくれた人がいることはわかっている。誰にも文句はない。問題なのは、いつも自分自身だ。私は心と体が次第に離れていき、怪物になってしまったのだと思う。私はずっと作家になりたかった。カール・セーガンのようなSF作家に。結局、この手紙が書いた唯一のものになる。

私は科学と星と自然を愛した。私は人間を愛した。たとえ自然と乖離した存在となっても。傷つかずに愛することが私には難しくなってきた。

人間の価値は、その場しのぎのアイデンティティと最短の可能性に減じられてしまった。票に。数字に。ものに。心として扱われることがなかった。星くずでできた輝かしいもののように。あらゆる場、研究、道端、政治、生死においても。

私はこのような手紙を初めて書いている。最初で最後の手紙。理解不能であれば、どうか許してほしい。

私の誕生は、致命的な事故だった。〔後略〕

六〇〇ワード近い英語で書かれたヴェームラーの手紙には、ＳＦ作家を夢見た若者の絶望が記され、強い印象を与えた。遺書を読んだ者たちの多くが「優秀な大学院生が、なぜ死を選ぶほど追い詰められなければならなかったのか」と考えさせられた。筆者もその一人だ。このニュースは海外にも広く伝えられた。

— ROHITH
#JUSTICE FOR ROHITH
We want ROHITH ACT.
遺書の一部を使ったプラカード

日本では、二〇一八年二月、ＮＨＫの国際共同制作ドキュメンタリー「ロヒはなぜ死んだのか――揺れるインドの教育現場」が放送されている。これまで日本ではあまり知られてこなかった問題の一つとして、ここでは高等教育におけるカースト差別の実態に注目していた。

遺書は、ヴェームラーの友人たちによって、フェイスブックやツイッターなどのＳＮＳを通じて、瞬時にインド国内外へ拡散された。「ローヒトに正義を」のスローガンのもと、ハイデラバード大学の副学長やヴェームラーと対立していた学生団体のABVP、および政治的つながりのあるインド人民党の閣僚に対して、激しい抗議活動が行われた。

二〇一六年は、インド各地の大学キャンパスやニューデリーの国会議事堂付近で、若者たちによる全国的な抗議運動へと発展した。それは、ダリト問題に比較的強い関心を示さない主要メディアでさえも、ゴールデンタイムのニュースに取り上げざるを得ないほどだった。

出自のカミングアウト

ヴェームラーの自殺とそれに続くインド国内外に広がった抗議運動は、とくにダリトカースト出身で高学歴の若者世代に衝撃を与えた。彼ら・彼女たちのなかには、SNSやブログで自分のカースト出自をカミングアウトする者、自身の被差別体験や葛藤をテーマに本を出版する者も現れた。この章の冒頭で記したダットやイエングデは、そうした若者世代の一人である。

ヴェームラーの自殺と抗議運動は、近年のダリト運動の転換期と捉えることができる。イエングデの分析によると、この事件を契機に、ダリトたちは地域を越えてつながり合い、連携し始めた。とくに英語教育を受けた若いダリトたちに事件が与えた影響は大きかった。彼ら・彼女たちの多くは、親とカーストやダリト差別の話をしない環境で育った。ダリト出身というアイデンティティについて学ぶプレッシャーを経験してこなかった。それゆえに、カースト問題については沈黙が多かった。しかし、ヴェームラーの死後、遺書を読んで激怒し、SNS上で反論のコメントを恐れずに書き始めた。

このときに彼ら・彼女たちは初めてダリトとして、ダリトのために発言することを求められるようになった。ダリト文学の本を買い、図書館に行き、ダリトのことを理解しようとする若者が多く現れた。ダリト文学とは、ダリト出身の作家による文学活動であり、一九六〇年代にマラーティー語圏で反カースト、反体制をテーマに登場し、その後ヒンディー語、タ

ハイデラバード大学構内に置かれたヴェームラーの像（上）／ヴェームラーの自殺後，デリーで大学当局と人的資源開発省大臣の対応に抗議する集まり（下）

ミル語などによってインド各地で発展したものだ。

この過程で、自分の価値を求めて、ダリトカースト出身であることをカミングアウトする人びともいた。彼ら・彼女たちは、まだ語られていない抑圧の経験や心の痛みをSNSの空間で上書きし始めたのだ。

ヤシカ・ダット再び

ヤシカ・ダットはそのような若者の一人だった。「自分のアイデンティティの一部を隠すことは、二重の人生を送るようなものだ。自分の居場所がどこにもないように感じる」と自著の序章で記している。

ダットの父と父方祖父は上級公務員で、周囲から一目置かれていたが、ダリトカーストの姓を隠して生きてきたという。父方祖父はダットの家族でもっとも成功した人物で、英文学の学位を取得するなど独立前のダリトとしてはきわめて珍しい高学歴で、公務員試験の勉強を続けながら、高校で英語を教えていたという。祖父の最初の妻は、屎尿処理人として働いていた。

祖父は公務員試験に合格し、ラージャスターン州の警察職の上級ポストに就職し、その後ラージャスターン州アジメールの地方判事という非常に高位の職を得た。同様に、母方祖父もウッタル・プラデーシュ州の上級公務員だった。ダットの両親は、同じカーストで両家とも上級公務員という高い社会的ステイタスを持つ家族同士のお見合い婚だった。父も母も、公務員の二世として、よい教育と公職に就くことが強く期待され育った。それは次世代のダットにも当然のように引き継がれた。

上級公務員の家族に生まれ、早くから英語教育に馴染み、また肌の色が比較的白かったダットは、ステレオタイプ化された身なりが貧しく、肌の色が黒いといったダリトの外見的特徴から外れた存在だった。しかし、カーストを隠すことは容易でなく、心理的にも大きな負担だったという。友人やその親たちとの会話のなかで、カーストに関する質問に迷うことなく答えることができなかった。ダットは、出身カーストとの向き合い方や葛藤について、次のように著している。

幼少期から大人になるまで、私は自分のカーストを隠すのに必死だった。〔中略〕公民の教科書は、カースト制の悪を教えてくれたが、教室でそれ〔自分のカースト〕を明らかにすることの心構えについては教えてくれなかった。また、クラスメイトや教師の一人が誰かをバンギー〔清掃カースト〕と軽蔑して呼ぶたびに、私の心を突き刺す恥、不名誉な思いを〔教科書は〕説明してくれなかった。私は自分がバンギーだとも知らな

かったが、自分と関連していることは知っていた。（*Coming Out as Dalit: A Memoir*）

母の嘘を自分も自然に信じ込んでいく

ダットの母親は娘に出自を隠し、最上位のカーストであるバラモンであるという「作り話」を信じ込ませようとした。それは、ウッタル・プラデーシュ州のバラモン出身の母が、ラージャスターン州のダリトの少年、つまりダットの父とどうやって一度も会うことなくお見合い結婚をしたかというストーリーだった。

ダットは当初、母親の作り話を素直に受け入れられなかったが、成長するにつれて、嘘をつくことが自然になった。バラモンカーストになりきって、次第に「ふりをしている」ことを感じなくなっていったという。

そうしたふるまいを身につけたダットにとって、二〇一六年に起きたヴェームラーの自殺への最初の反応は、無関心であり他人事だった。

フェイスブックで、自殺したハイデラバード大学の学生の書き込みを最初に見たとき、私はそのリンクを開かなかった。彼は亡くなった初めてのダリト青年ではなかったし、そして最後に亡くなる人でもなかったから。〔中略〕母一人で育てられたヴェームラーは、ダリトのマーラー・カースト出身だった。二〇一六年一月に、二度目、三度目とニュースやSNSで彼のことを目にするうちに、少しずつ気になり始めた。それほど、私のダリト・アイデンティティは深く葬られていた。（同前）

ヴェームラーの自殺について、他人事からわがこととして捉えるような気持ちを起こさせたのは彼の遺書だった。

彼の短い人生は、私の人生でもあり得た。遺書を読んで、自分の人生の価値について考え直した。いまやヴェームラーはいなくなってしまい、その手は、私の方に差し伸べられているようだった。今度は私の番だ。

自分のカーストを隠してきたことと、パッシング〔スティグマを抱える人びとが出自を隠して、主流社会に溶け込もうと試みる行為〕との類似性を認識したのは、コロンビア大学大学院に留学したときだった。上位カーストとしてパッシングをしているダリトは自分だけではないだろうと思った。そこで、上位カーストとして生きているダリトに関する記事やデータを調べようとしたが、一人も見つけられなかった。〔中略〕自分のカーストを隠すことによって日々経験してきた感情的、精神的あるいは身体的なダメージを語ったストーリーを見つけられなかった。〔中略〕他の誰かになりきるために自分のアイデンティティをあきらめるという独特な不安をテーマにした語りを私は探せなかった。だから、私はそうした物語の場所を探さなければならないと決意した。（同前）

次世代は何を考えるのか

過去に出版されたダリトによる自叙伝には優れた作品があるが、ダットが求めたダリトというアイデンティティを隠して生きてきたストーリーは、たしかにほとんどない。それは、カミングアウトをする必要がない状況、つまりは隠す余地もないほど、個人のカーストが知られる環境に置かれていた著者が多かったからではないだろうか。

他方、ダットのような教育を受けたダリトの第二・第三世代は、ミドルクラス以上の家庭環境で育てられ、親から出自を知らされない、あるいは隠すように教えられるケースも珍しくない。上位カーストがこれまで占めてきた職種や高等教育に進出するようになり、親からの期待のプレッシャーとアイデンティティを模索する葛藤の板挟みになっている。

今後、このような新しい次世代のダリトの存在感がいっそう増していくだろう。

次世代の特徴は、共通言語が英語、高等教育を受けて専門職に就いたエリート層である。

海外経験やSNSを通じてグローバルに形成される人的ネットワークによって反カースト運動を広げることだろう。現在のアメリカで注目されるBLM運動との連帯の兆しや、二〇二〇年六月にIT産業の大手シスコで起きたカースト差別をめぐる訴訟問題は、新世代のダリトによる抵抗のかたちとして理解することができる（コラム④「アメリカIT企業と差別訴訟」を参照）。

彼ら・彼女たちは闘う自分たちの姿を尊敬するアンベードカルに重ねている。アンベードカルは当時の不可触民出身者としてはとても稀有なことに、アメリカとイギリスの大学に留学した経験を持つ。インドの外からカースト問題を批判的に考える先駆者だった。ダットの一〇〇年近く前に彼はコロンビア大学大学院で学んだ。アンベードカルが切り拓いた道は次世代のダリトたちによって新たな展開をみせながら今後も続いていくに違いない。

コラム④

アメリカIT企業と差別訴訟

「ビッグ・テック」と呼ばれる世界規模で影響力を持つ巨大IT企業では、インド系出身者の存在感が急速に増している。マイクロソフトCEOのサティヤ・ナデラ、グーグル（および親会社のアルファベット）CEOのスンダル・ピチャイ、ユーチューブCEOのニール・モーハンの就任は、IT産業を牽引する在米インド人の世界的な活躍として大きく注目された。

アメリカを目指すインド人の激増

留学や就労のためにアメリカへ渡るインド人は増加傾向にある。新型コロナウィルスの流行がひと段落して各国の水際対策が緩和されるなか、欧米に渡ったアジアの労働者を国別にみると、アメリカ、イギリス、カナダではインド人が最多となっている。二〇二二年にアメリカでハイテク技術者向けの「H1B」などのビザ（査証）を取得したインド人は約二〇万人とコロナ前の二〇一九年比で三四％も増えた。その半面、中国人で同じビザを取得したのは八〇〇〇人にとどまり、米中対立の影響が強く表れていると報じられている（『日本経済新聞』二〇二三年七月七日）

アメリカには、約四九〇〇万人のインド系出身者が居住している（二〇二一年）。このコラムでは、ダリトによる新しい動きとして注目を集めているアメリカのカースト差別に関する訴訟をみていこう。世界経済に影響を与える巨大ＩＴ企業でいま何が起きているのだろうか。

コラム②「移民したダリトたち――海を越える差別」で述べたように、アメリカへ向かうインド出身者の移住は、第三期にあたる一九六〇年代後半から始まった。高学歴で自然科学系の研究者やＩＴ技術者などの高度人材として、先進諸国での獲得競争が進んでいる。アメリカの有名大学で学位を取得して、卒業後に就職して住み続ける若者も多く、国境を越えた人材獲得の競争は、各国の大学・大学院でいかに優秀な留学生を受け入れられるかにもかかっている。この最先端を行くのがアメリカだ。

アメリカを目指す人びとにダリトも含まれている。よりよい生活を求めて、海外移住を希望する動きは、教育の普及とともにダリトの若い世代の間で増えつつある（第5章）。だが他方で、異国でカーストの壁に直面せざるを得ないケースも少なくない。

二〇一六年シスコ訴訟の波紋

ビック・テック企業と開発拠点が密集するカリフォルニア州。先進的なイメージとは対照的に、従業員の間でカースト差別を訴える訴訟が相次いでいる。注目された最初の事例は、二〇一六年のシスコシステムズ（以下、シスコ）で起きた。シスコは世界最大のコンピュータネットワーク機器の開発会社として知られる。

二〇一六年一〇月、ダリト出身の原告・従業員が上位カースト出身の上司を訴えた。その理由は、原告に留保制度に関する差別的な発言をしたこと、プロジェクトチームからの排除、ボーナスの取り消しや昇進の妨害をしたというものだった。当初、原告は人事部に苦情を申し立てたが、聞き入れられなかったという。シスコは「すべての従業員に包括的な職場環境を実現するように取り組んでいる。今回の件を調査したが法律と同社のポリシーを遵守していると判断した」と説明した。

しかしこの件を契機に、グーグル、フェイスブック、アップル、ネットフリックスなどアメリカの代表的なテック企業で働くダリト出身のエンジニア二五〇名が、結束して自分たちの被差別経験をインターネット上で公表し始めた。これにより、アメリカ社会にもカースト問題の波紋が広がっていく。二〇二〇年六月には、カリフォルニア州の雇用監督局がシスコを提訴するに至った。

移民社会のカースト問題

シスコの一件は、アメリカで最初に行われたカースト差別をめぐる雇用訴訟だ。おそらくこうした問題は二〇一六年以前からすでに存在し、抗議する声が次第に高まり、ようやく世間に認知されるようになった、というのが正確な見方だろう。

コラム②「移民したダリトたち」でも言及したが、二〇〇一年の南アフリカ・ダーバンで開催された国連の「人種主義、人種差別、外国人排斥、および関連する不寛容に反対する世界会議」をメルクマールとして、ダリトの人々は移住先でも続く被差別的な扱いに沈黙することを拒んだ。「証拠がない」として訴えが取り下げられる動きを見るや否や、ソーシャルメディアを通じて、自分たちが体験してきた職場でのカースト差別の実態を語り、瞬時に世界へ拡散させる。この過程で、ヤシカ・ダットのように出自を初めてカミングアウトした人々も多かったのではないか。

アメリカでカースト差別の関心が高まってきた背景に、ダリトによる異議申し立てに加えて、同時代に興隆していた反人種差別運動（ブラック・ライヴズ・マター、ＢＬＭ）の影響も見逃せない。実際、在米ダリト組織は連帯する動きをみせた。

若手の代表的なオピニオンリーダーのひとりである在米ダリト活動家のテンモジ・サウンダララジャンは、各種メディアで積極的に移民社会のカースト問題を発言し、マイクロソフトやネットフリックスなどの大企業で講演を行ってきた。グーグルでは、二〇二二年四月にサウンダララジャン氏の講演を予定していたが、従業員のなかで講演実施に反対する意見が出たことで中止になった。

アメリカの早い対応

アップルは二〇二〇年に従業員向けの雇用指針を改定した。差別を禁止するカテゴリーのなかに、人種、宗教、ジェンダー、年齢、家系、障がい、性的指向などにカーストも含めている。カーストを差別の禁止事項に明示していない企業がまだ大半だが、他のカテゴリーに基づく差別禁止の対象にカーストを含めて対処する方針が報じられている。もはや、カーストは企業経営者にとって無関係でいられない問題に発展している。

イギリスと比べて、アメリカでの法制化の動きは早かった。二〇二三年二月、シアトル市議会はカーストによる差別を禁止するアメリカ初の都市となった。さらに同年九月、カリフォルニア州議会は同様の禁止法案を初めて可決した州となった（しかし同年一〇月、同州知事ギャビン・ニューサムはこの法案に拒否権を発動した）。

世界中の人びとが利用するサービスを提供するグローバル企業が、カースト差別にどう向き合うのか、その取り組みがなおいっそう注目されている。

終章　カーストの未来、インド社会のゆくえ

ここまでの本論では、文献調査に加えて二〇〇五年から二三年の現時点にかけて断続的に行ってきたフィールドワークに基づいている。調査地はインドのほか、二〇一四年からイギリスでも行っている。そのうえで、いまのインド社会でカーストがどのような意味を持つのか、とくにダリトの立場からみるとどのような問題や特徴があるのかを論じてきた。

それは安易に「良い」「悪い」、あるいは「メリット」「デメリット」と判断できるものではない。とくに筆者のような他地域の者はそうした単純な思考を超えて、現地社会の文脈を知る必要がある。カーストは個人が生きるうえで足枷となる差別や格差を生み出す一方で、職業、文化信仰、歴史やアイデンティティを共有することで芽生える絆のようなものがあるからだ。それらが人々の生活のなかでどのように見出されるかは、第4章で述べたとおりだ。

この終章では、各章の論点を踏まえつつ、これからのインドを展望するうえで注目すべき三つのことを考えていきたい。

留保制度——見直しの必要

まず一つは、留保制度が人びとのカースト意識に与えてきた影響である。第1章と第2章でイギリス植民地時代に導入された指定カーストという集団概念が、かつての不可触民に代わる公的に認められた名称として登場し、現在に至るまで、ダリトの支援を目的としたさまざまな政策に取り入れられてきたこと、それがカースト意識を持続させる影響をみてきた。

第1章と第4章で触れた「指定カースト証明書」の発行はその例だ。大学入学や奨学金の応募、公務員採用試験など重要な場面で留保制度の優遇を受けるためにはこの証明書が求められる。より良い教育、より良い仕事のチャンスをダリトが得るためには完全に身元を隠し通すことは困難だ。

その一方で大きな変化もあった。継続し実施されてきた留保制度を含む指定カースト優遇政策は徐々にダリトの人々に浸透し、享受することが自分たちの当然の権利という認識も根付いてきた。第5章で述べたように活躍するダリト出身の若者たちは確実に増えている。

そうしたダリトの変化を受けて、留保制度の対象外の人々（「一般枠」と呼ばれる／General, Unreserved category, UR）から抗議の声が高まっていることも事実だ。いつまでカーストを基準にした留保制度を続けるのか、その方法と実施の是非をめぐって国民的合意が大きく揺らいでいる。

批判者からは、「留保枠が増えると一般枠が減る」、「一般枠の競争率が高くなる」（留保対象者は留保枠または一般枠にも応募することができる）といった主張だ。先述したように留保集団の選定は政治的に決められるケースが多い。頻繁に制度のルールが変更されるためインドの留保制度はとても複雑だ。留保対象の集団は増える傾向にあり、非対象者からみれば「不公平」「逆差別」と感じるのだろう。

実際の運用をみるため、大学の例を取り上げてみよう。次頁の写真は、大学院に設置されたコースの入学試験結果を示したものである（名前と学籍番号は筆者が消した）。これは学内の掲示板に貼られていたもので、インドの大学では試験結果をこのように公表している。

ここで留意すべきは、点数だけでなく、学生の留保区分も公表していることだ。つまり、自分の出自を明らかにせざるを得ない制度となっているのだ。これは留保／一般枠への応募に関係なくである。

設定されている留保枠の種類は六つある。写真はデリー大学のものだが、ここでは①指定カースト枠（SC）のほか、②指定部族枠（ST）、③その他の後進諸階級枠（OBC）、④経済的困窮者枠（EWS）、⑤軍関係者で負傷／死亡した親の子ども枠（CW）、⑥デリー大学教職員の子ども枠（ＷＱ）がある。人口比などを考慮し、それぞれ留保枠の人数が決められる。

　留保枠の点数は一般枠よりも合格点が低く設定されている。だが、学力が高い留保対象者のなかには、一般枠で受験を希望するケースも近年増えている。「下駄をはかせてもらって

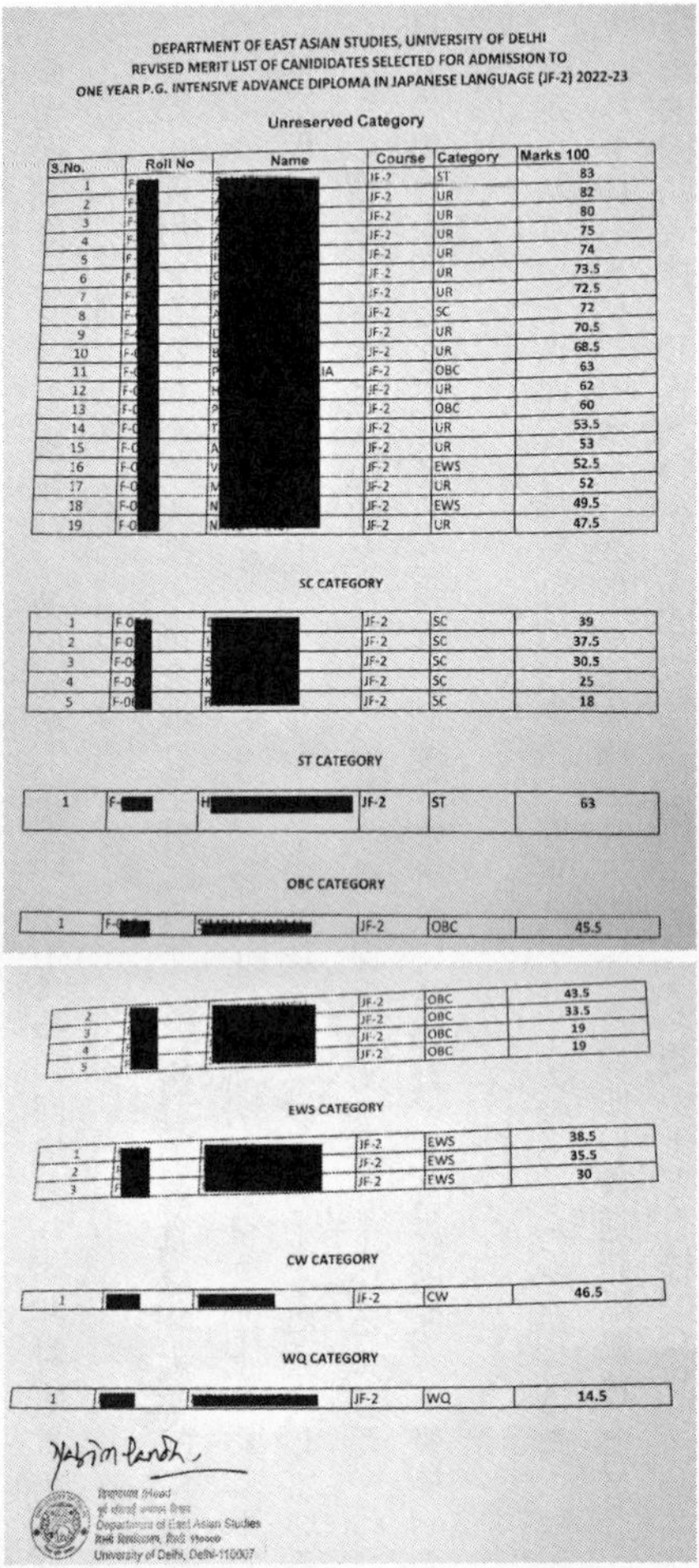

DEPARTMENT OF EAST ASIAN STUDIES, UNIVERSITY OF DELHI
REVISED MERIT LIST OF CANIDIDATES SELECTED FOR ADMISSION TO
ONE YEAR P.G. INTENSIVE ADVANCE DIPLOMA IN JAPANESE LANGUAGE (JF-2) 2022-23

Unreserved Category

S.No.	Roll No	Name	Course	Category	Marks 100
1	[redacted]	[redacted]	JF-2	ST	83
2	[redacted]	[redacted]	JF-2	UR	82
3	[redacted]	[redacted]	JF-2	UR	80
4	[redacted]	[redacted]	JF-2	UR	75
5	[redacted]	[redacted]	JF-2	UR	74
6	[redacted]	[redacted]	JF-2	UR	73.5
7	[redacted]	[redacted]	JF-2	UR	72.5
8	[redacted]	[redacted]	JF-2	SC	72
9	[redacted]	[redacted]	JF-2	UR	70.5
10	[redacted]	[redacted]	JF-2	UR	68.5
11	[redacted]	[redacted]	JF-2	OBC	63
12	[redacted]	[redacted]	JF-2	UR	62
13	[redacted]	[redacted]	JF-2	OBC	60
14	[redacted]	[redacted]	JF-2	UR	53.5
15	[redacted]	[redacted]	JF-2	UR	53
16	[redacted]	[redacted]	JF-2	EWS	52.5
17	[redacted]	[redacted]	JF-2	UR	52
18	[redacted]	[redacted]	JF-2	EWS	49.5
19	[redacted]	[redacted]	JF-2	UR	47.5

SC CATEGORY

1	[redacted]	[redacted]	JF-2	SC	39
2	[redacted]	[redacted]	JF-2	SC	37.5
3	[redacted]	[redacted]	JF-2	SC	30.5
4	[redacted]	[redacted]	JF-2	SC	25
5	[redacted]	[redacted]	JF-2	SC	18

ST CATEGORY

1	[redacted]	[redacted]	JF-2	ST	63

OBC CATEGORY

1	[redacted]	[redacted]	JF-2	OBC	45.5
2	[redacted]	[redacted]	JF-2	OBC	43.5
3	[redacted]	[redacted]	JF-2	OBC	33.5
4	[redacted]	[redacted]	JF-2	OBC	19
5	[redacted]	[redacted]	JF-2	OBC	19

EWS CATEGORY

1	[redacted]	[redacted]	JF-2	EWS	38.5
2	[redacted]	[redacted]	JF-2	EWS	35.5
3	[redacted]	[redacted]	JF-2	EWS	30

CW CATEGORY

1	[redacted]	[redacted]	JF-2	CW	46.5

WQ CATEGORY

1	[redacted]	[redacted]	JF-2	WQ	14.5

Head
Department of East Asian Studies
University of Delhi, Delhi-110007

入学試験の結果　大学構内に名前，点数とともに「留保区分」も掲示される．デリー大学で

入学した」というレッテルが貼られることを拒むダリト学生に、筆者もたびたび会ってきた。

しかし、一般枠で応募しても、出自が掲示され、必ず明らかにされてしまうことを知ったとき、筆者は留保制度が若い学生たちに与える否定的な影響を考えざるを得なかった。このような状況で、カーストを意識せずに学生生活を送ることは、はたして可能なのだろうか。

夢と希望を抱き高等教育に進むダリト学生を、確実に増やしてきたことは留保制度の成果の一つだ。だが、その一方で痛ましい事件や若者の自殺が後を絶たない。さまざまな利点と問題点を抱える留保制度について、政治的利害を超えた議論を活性化させ、見直していく必要があるだろう。

アンベードカル――賞賛の変化に何をみるか

注目する二つ目は、アンベードカルの人気の高揚である。それは政治的利用も含めてだ。

第2章でガーンディーとアンベードカルの思想と行動、両者が対立した論争を取り上げた。独立運動でイスラーム教徒の分離が加速するなか、ガーンディーはヒンドゥー教徒の連帯を強調しヒンドゥー教の枠組みのなかで、不可触民への差別意識をなくそうとする改革を志向した。対して、不可触民出身のアンベードカルは、ヒンドゥー教徒とダリトは異なる集団であり、独自の政治的権利が与えられるべきだと主張した。

結局、独立後のインドが政策理念として積極的に取り入れたのはガーンディーのアプローチであり、アンベードカルの主張は部分的な導入にとどまった。ただし、心情面での差別意識の克服を重視するガーンディーの主張は非常に重要だが、個人の問題にとどまり、強力に推進する実質的対策がなければ実現の見込みはなかった。

一九五〇年に施行されたインド憲法は世界的にも注目された。それは不可触民制の禁止や不可触民を含めたマイノリティの基本権と保護を定めただけでなく、彼ら・彼女たちの権利をどのような手段で保障するか明記したからだ。具体的には、留保制度の実施、裁判所による令状発給権を可能にする人権侵害の司法的救済手段などである。これらの実現に大きな働きをしたのがアンベードカルだった。

アンベードカルは、一九五六年に亡くなったが、彼の信奉者たちはアンベードカルが残した数多くのスピーチ原稿、著作を地道に収集し、次世代に伝えるべく、現地語および英語で刊行し続けた。こうした取り組みにより、アンベードカルの名前と理念がインド国内、そして海外のダリトにも知れ渡っていく。いまでは若者世代が仰ぎ見る不動のアイコンであり、人権団体の事務所には、必ずといってよいほど入り口中央に大きな肖像画が飾られている。

アンベードカルへの賞賛はダリトに限らない。インド政府もアンベードカルの生誕祭を祝い、その名を冠した政策を打ち出し、病院、学校、銅像建設を盛んに行っている。そこには

露店に多数並んだアンベードカル関連の冊子

ダリトを取り込もうとする政治的意図もあるが、いまやインド社会の主流派のなかでもアンベードカルの存在を無視することはできなくなっている。つまりは、アンベードカルをどのように扱うか、評価するのか、各自の立ち位置が注目されている。

ダリトの英雄としてダリトの人びとだけが熱望しているのではなく、「インド憲法の父」「インドの民主主義のパイオニア」のように、「インドのアンベードカル」として讃える風潮も目立つ。過去の歴史を思い起こすと隔世の感がある。

日本では一般にガーンディーの方が馴染みがあるだろう。だが今後はアンベードカルについても知ることで、インド社会で起きている変化をさらに深く理解することができるのではないだろうか。

ラージクマーリーのその後――技術革新による変化

注目する三つ目は、ダリトの人びとの生き方から時代の変化をみる重要性だ。

変化は、高学歴で華々しく活躍するダリトだけに起きているわけではない。序章で取り上げたラージクマーリーが教えてくれる。

序章で、ジェンダー、カースト、障がいの差別に直面するラージクマーリーの苦しい境遇に触れた。彼女は自分の人生を石臼にたとえて嘆いていた。家族内の喧嘩《けんか》や兄弟姉妹の問題の対応に追われ、希望の職に就けず、結婚相手は三〇歳を過ぎてもみつからない、このまま独りで生きていくのがつらい……。彼女からの思い詰めた長文メッセージを受け取るたびに、彼女は大丈夫だろうかと不安な気持ちでいた。その後、どのように過ごしているだろうかと。

コロナによる渡航規制が緩和されてインドに行った際、ラージクマーリーにも再会した。思ったより元気そうな彼女をみて心底ほっとした。近況を尋ねると、「マヤマダム（筆者への呼びかけ）、ニュースがあるの」。筆者はとっさに「結婚が決まったのね？」と聞くと、明るく笑い飛ばされた。

「違うわ。ネットビジネスを始めたの。インターネットに自分の店を出して、アクセサリーを売る仕事なの」と、とても嬉しそうに教えてくれた。このとき、すぐに「結婚」を頭に思い浮かべた筆者は、「ラージクマーリーは結婚をしなければならない」と、自分がいかに固定観念に縛られていたかを気づかされた瞬間だった。

彼女の家族との付き合いは長い。知り合って一八年になる。父親をはじめ、家族はラージクマーリーの結婚をずっと期待して待っている。だが、それが彼女の幸せになるかは誰にもわからない。身近で不幸な結婚生活をみてきた彼女にとって、結婚がすべてを解決してくれる、妻や母になることが女性の唯一の生き方、と考えられる時代ではなくなっているのではないか。

新しい仕事の話を聞いたとき、正直にいえば、筆者はあまり良い反応を示すことができなかった。なぜなら、ラージクマーリーは休学している大学院をいずれは復学して修士卒の資格を得て、収入の安定した仕事に就きたいと思いこんでいたからだ。

「アクセサリーを不定期に売る仕事でどうやって生きていけるの」と否定的な発言をした筆者に対してラージクマーリーは、次のように指摘してくれた。

この仕事は自分のペースで働けること、家事や家族の世話も一緒にできること、市場で珍しいデザインのアクセサリーを買い付けに行くのがとても楽しいことなどを熱心に説明した。

序章でも触れたが、彼女はアルコール依存の次兄の通院治療に付き添い、妻が失踪した長兄の子ども三人を母親に代わってみている。

その後、活き活きとアクセサリービジネスに励む姿をみて、自分がいかに彼女の気持ちと立場を理解できていなかったかを反省した。片目が見えないという身体的ハンディを抱えて、カーストやジェンダー差別など複合的に重なり合うさまざまな差別を彼女は被ってきた。たとえ大学院を修了したとしても、希望していた人前に出る仕事に就ける可能性はいまのインドではとても厳しいだろう。人に雇われるよりも、スマートフォン一つで可能な販売ビジネスの起業家としてチャレンジしようとする彼女の戦略は、理に適っているのかもしれない。

こうした変化は、インターネットやスマートフォンの普及によって初めて可能になったといえる。一昔前であれば、ダリトが個人で小規模ビジネスを始めることはほぼ不可能だったからだ。技術革新とその活用は、とくにラージクマーリーのような社会的弱者層にとって現状を変える強力な武器になり得る。実際に、新しい仕事を始めてから責任感が強くなり、自信もついて精神的に落ち着いてきたようだ。以前のような悩みの相談は減りつつある。

新しい時代へ邁進していくインド。ラージクマーリーには時代の変化の波に乗って、どんどん前進していってほしい。さまざまな足枷を乗り越えて、もしかしたら彼女がコミュニティの新しいロールモデルになる日もそう遠くはない。

あとがき

二〇二二年の夏、新型コロナウイルスの収束がまだ見通せないなか、二年半ぶりにインドを訪れた。以前は海外へ出かけることを当たり前と感じていた筆者にとって、渡航が規制された影響は研究だけでなく精神的にも大きかった。いつになったら現地へ行けるのか、実際にどのような状況にあるのかがよくわからないまま月日が過ぎた。

これまでお世話になったインフォーマント（調査協力者）のなかには、コロナで家族を突然亡くした人、失業した人、家を手放した人も少なくなかった。そうした苦境を電話やメール、SNSのやり取りで聞いてはいたものの、ようやく再会できて話を聞くと、「実は……」と次々に語られる問題の多さに、事態の深刻さを理解した。

電話やオンラインを通したインタビューも調査方法としては可能だが、停電も頻繁に起きるため、お互い集中して長く話すことは難しい。また電話で知り得る情報は限られている。現地の知り合いに筆者に代わって調査を依頼することも考えたが、コロナ感染のリスクとなる。結局、新たな調査を始めることはできなかった。コロナ禍を経験することで、これまで現地調査を実施できたことがいかに幸運で貴重だったかを痛感した。

さて、実際にインドに行き、あらためて感じるのは人の多さである。毎日が人に会うことの連続だ。人のパワーに圧倒させられ、それ自体がインドの強烈な個性だと思う。

カーストはそのようななかで、長い歴史を経て複雑に発達した人間の関係性を意味している。人種と同様に、自分で変えたり、消し去ったり、逃れることができない。なぜなら、カーストは人と人との関係性のなかに埋め込まれているからだ。

本書で言及してきたように、日常のさまざまな場面でカーストを意識する場面が、現代でもたしかに存在する。ダリトの人びととのインタビュー調査で共通して聞かれるのは、「カースト意識はすぐには消えない。次の世代、さらにそれ以上の時間がかかるだろう」という答えだ。差別を経験してきたダリトにとっては、単なる意識というよりも身体に深く根付いたスティグマとしてカーストの出自が刻まれているという。それは高い学歴や地位、新しい職業に就いても変わらない。

「なぜカーストがなくならないのか」という質問を筆者は繰り返し受けてきた。この問いに答える試みとして、本書ではダリト（とくにバールミーキ）の立場から、カーストがどのような意味を持つのか、その歴史的背景を含め、現地社会の文脈に位置づけて明らかにしようとした。多くは筆者の現地経験によるもので、取り上げることができたのは多様なインドの一部に過ぎないだろう。もっと知りたいと思われた読者は、他の関連書籍や映画、動画配信のドラマも合わせてご覧いただきたい。

ダリトの特に若い世代のアクティビズムがさまざまな広がりをみせているなか、スマートフォンを駆使して草の根から現状を打破しようとする画期的な取り組みも登場してきている。日本で二〇二三年九月から公開された映画『燃えあがる女性記者たち』(Writing with Fire)は農村の若いダリト女性たちの活動をドキュメンタリー作品として映像化している。多くの著名な国際映画祭で受賞し、高い評価を受けた作品だ。

関連して、本書で掲載した清掃労働者の写真は写真家・ジャーナリストのスダラク・オールウェー氏の作品である。彼が設立した団体 Photography Promotion Trust では、カメラを使った草の根ジャーナリズムの若手育成ワークショップをインド各地で開催している。次世代の可能性を開花させようと、IT機器を活用したさまざまな取り組みが続けられている。

インドでは、無数の草の根のパワーが社会変革を起こし、格差や差別の障壁を打破する鍵となっている。本書が扱ってきたテーマは人びとが起こす変化とともにあり、その道のりの先に、新しいインドの時代が切り拓かれていくのではないだろうか。

*

本書のいくつかの章には、これまでに発表した以下の拙稿の成果も含まれている。二〇一五、『現代インドのカーストと不可触民――都市下層民のエスノグラフィー』慶應義塾大学出版会。二〇一九、「特集：変わるインドと日本　現代インド社会の諸相――見える／見えにくい変化」、『三田評論』、二六―二九。二〇二〇、「南アジア系移民の世界」、石坂晋哉・宇根義己・舟橋健太編『ようこそ！　南アジア世界へ――シリーズ地域研究のすすめ』、昭和堂、二五九―二六二。二〇二二、「関係性に埋め込まれたカースト」、小磯千尋・小松久恵編『インド文化読本』丸善出版、四八―六一。

　本書の執筆にあたっては、数多くの方々にお世話になった。紙幅の関係上、すべての方のお名前を挙げることができないが、この場を借りて心より御礼申し上げたい。

　インドでの調査は、いつも温かく迎えてくれるヴィネイ・クマールさん、O・P・シュックラーさんとその家族、チャーチャルさん夫妻に多くを負っている。みなさんとの出会い、つながりに支えられてこれまで続けることができている。幸運が重なり、イギリスでも新たな出会いを得て調査を始めることができた。バーミンガムとコヴェントリーの寺院で筆者を受け入れてくださったバールミーキの皆さまにも感謝を申し上げたい。

　テーマを深めるうえで、筆者が関わってきた共同研究のメンバーの方々とは常に知的刺激に満ちた時間を共有させていただいている。研究会に参加し、ご教示くださったことが本書の議論に活きている。大東文化大学東洋研究所の共同研究部会南アジア班、日本学術振興会科学研究費補助金・基盤研究（B）「司法積極主義と社会運動からみる現代インドの自由民主主義体制の持続可能性」（代表・上田知亮先生、二〇一九〜二〇二二年度）ならびに基盤研究（B）「『感情』の視角から南アジア研究を再考する」（代表・粟屋利江先生、二〇二二年〜二五年度）、南アジア情勢勉強会（SAAG）では、分野の異なるメンバーの方々と学ぶ貴重な機会をいただいている。

本書の刊行に際しては、中央公論新社中公新書編集部の皆さま、とりわけ白戸直人さんには大変お世話になった。二〇一五年に前著を刊行して、いくつかの出版社から一般向けにカーストとダリトの現状について書いてみませんかというお誘いをいただいた。ありがたい気持ちと同時に、筆者には大きすぎるテーマで、書き通せるか自信がなく、日々の忙しさにも追われてそのまま年月が経ってしまった。そのようななか、白戸さんはいつも気にかけてくださった。「じっくりでいいですよ」の優しい励ましから、徐々に「そろそろ」へ変わり、この難しいテーマと向き合う覚悟ができた。どうすれば読者に伝わるか、常に的確なアドバイスで指南してくださった。こうして完成に至ることができたのは、遅々として筆が進まない筆者を粘り強くサポートしてくれた白戸さんのおかげである。

最後に、いつも理解者として励まし続けてくれた家族に感謝を伝えたい。希望と勇気を持って挑戦し続けるダリトの若い世代に本書を捧げる。

二〇二三年一一月

鈴木真弥

＊本書はＪＳＰＳ科研費（JP20K20059）の助成による研究成果の一部である。

主要参考文献

†日本語文献

栗屋利江、二〇〇四、「グローバリゼーションと南アジア系移民――イギリスの場合を中心に」『月間言語』三三（五）：六四―七一
B・R・アンベードカル（山崎元一・吉村玲子訳）、一九九四、『カーストの絶滅』明石書店
インド文化事典編集委員会編、二〇一八、『インド文化事典』丸善出版
上野千鶴子、一九九六、「複合差別論」、井上俊ほか編『差別と共生の社会学（岩波講座・現代社会学第15巻）』岩波書店：二〇三―二三二
大石高志編、一九九九、『南アジア系移民――年表および時期区分』文部省科学研究費・特定領域研究（A）「南アジア世界の構造変動とネットワーク」
押川文子、一九九五、「独立後の『不可触民』」、押川文子編『フィールドからの現状報告（叢書カースト制度と被差別民 第五巻）』明石書店：一九―一一一
押川文子、二〇一三、「教育の現在――分断を超えることができるか」、水島司編『変動のゆくえ（激動のインド第1巻）』日本経済評論社：五九―九三
M・K・ガンディー（森本達雄・森本素世子訳）、一九九四、『不可触民解放の悲願』明石書店
小磯千尋・小磯学、二〇〇六、『世界の食文化8――インド』農山漁村文化協会
孝忠延夫・浅野宜之、二〇一八、『インドの憲法〔新版〕――「国民国家」の困難性と可能性』関西大学出版部
小谷汪之、一九九六、『不可触民とカースト制度の歴史』明石書店
小谷汪之、二〇〇三、「カーストとカースト制度」、小谷汪之編『社会・文化・ジェンダー（現代南アジア5）』東京大学出版会：一一七―一三六
佐藤宏、一九八五、「インド憲法制定過程における不可触民問題」『アジア経済』26（12）：二―二四

篠田隆、一九九五、『インドの清掃人カースト研究』春秋社

島岩、一九九四、「デカン・バクティと不可触民」、佐藤正哲・山崎元一編『歴史・思想・構造（叢書カースト制度と被差別民 第一巻）』明石書店：二二五—二四四

鈴木真弥、二〇一五、『現代インドのカーストと不可触民——都市下層民のエスノグラフィー』慶應義塾大学出版会

関根康正、二〇〇六、『宗教紛争と差別の人類学』世界思想社

アマルティア・セン、ジャン・ドレーズ（湊一樹訳）、二〇一五、『開発なき成長の限界——現代インドの貧困・格差・社会的分断』明石書店

アマルティア・セン（佐藤宏・粟屋利江訳）、二〇〇八、『議論好きなインド人——対話と異端の歴史が紡ぐ多文化世界』明石書店

多田博一、一九九二、「酒物語：五　インド——禁酒と増税のはざま」大東文化大学国際関係学部現代アジア研究所編『ASIA21基礎教材編』第2号　大東文化大学国際関係学部現代アジア研究所広報出版部会：一二一—一二四

田辺明生、二〇一〇、『カーストと平等性——インド社会の歴史人類学』東京大学出版会

茶谷智之、二〇二〇、「教育——高まる教育熱の行方」、石坂晋哉・宇根義己・舟橋健太編『ようこそ南アジア世界へ（シリーズ地域研究のすすめ）』昭和堂：二〇一—二一六

長崎暢子、一九九六、『ガンディー——反近代の実験』岩波書店

長崎暢子編、二〇一九、『世界歴史体系　南アジア史四——近代・現代』山川出版社

中谷哲弥、二〇一〇、「多宗教世界」、田中雅一・田辺明生編『南アジア社会を学ぶ人のために』世界思想社：九二—一〇三

長谷安朗、一九九四、「シク社会における不可触民」、佐藤正哲・山崎元一編『歴史・思想・構造（叢書カースト制度と被差別民 第一巻）』明石書店：三〇七—三五〇

藤井毅、一九八八、「インド国制史における集団——その概念規定と包括範囲」、佐藤宏編『南アジア現代史と国民統合』アジア経済研究所：二三—一〇三

藤井毅、二〇〇三、『歴史のなかのカースト——近代インドの〈自画像〉』岩波書店

堀本武功、一九七七、「保留議席（指定カースト）の成

立経緯とその後の展開」、大内穂編『インド憲法の制定と運用』アジア経済研究所：七三―一〇六
松尾瑞穂、二〇一三、『インドにおける代理出産の文化論――出産の商品化のゆくえ』風響社
南埜猛・工藤正子・澤宗則、一九九九、「日本の南アジア系移民の歴史とその動向」文部省科学研究費・特定領域研究（A）「南アジア世界の構造変動とネットワーク」
山崎元一、一九九四、「カースト制度と不可触民制」、山崎元一・佐藤正哲編『歴史・思想・構造（叢書カースト制度と被差別民 第一巻）』明石書店：二三―五二
山崎元一、一九八六、「古代インドの差別――シュードラと不可触民」、西順蔵・小島晋治編『アジアの差別問題』明石書店：八三―一四九
山下明子、一九八六、『インド不可触民の女たち』明石書店
李素玲、一九七七、「インド憲法の制定過程におけるマイノリティ問題」、大内穂編『インド憲法の制定と運用』アジア経済研究所：四五―七二
和田一哉、二〇一五、「インドにおける性別選択による産み分けの動向」、押川文子・宇佐美好文編『暮らしの変化と社会変動（激動のインド第5巻）』日本経済評論社：一七一―一九一
和田一哉、二〇一五、「生きる――人口動態をめぐる変化」押川文子・宇佐美好文編『暮らしの変化と社会変動（激動のインド第5巻）』日本経済評論社：三～三〇

†英語文献など

Dutt, Y., 2019. *Coming Out as Dalit : A Memoir*, New Delhi: Aleph.
Government of India, Ministry of Social Justice and Empowerment, 2018. *Handbook on Social Welfare Statistics.* (https://socialjustice.gov.in/writereaddata/UploadFile/HANDBOOKSocialWelfareStatistice2018.pdf 二〇二三年一〇月六日アクセス)
Government of India, Ministry of Social Justice and Empowerment, 2021. *Annual Report 2020-21.* (https://socialjustice.nic.in/writereaddata/UploadFile/ANNUAL_REPORT_2021_ENG.pdf 二〇二一年四月五日アクセス)
Jaffrelot, C., 2005, *Dr. Ambedkar and Untouchability: Analyzing and Fighting Caste*, New Delhi: Permanent Black.

Shah, G., 2004, *Social Movements in India: A Review of Literature*, New Delhi: Sage Publications.

Shah, G., H. Mander, S. Thorat, S. Deshpande and A. Baviskar eds., 2006, *Untouchability in Rural India*, New Delhi: Sage Publications.

Shyamlal, 1984, *The Bhangis in Transition*, New Delhi, Inter-India Publications.

Singh, K.S. (ed), 1996, *People of India*, Delhi: Manohar.

Valmiki, O., 2003 [1997], *Joothan: A Dalit's Life*, Kolkata: Samya.

Yengde, S,, 2019. *Caste Matters*, Gurgaon: Viking by Penguin Random House India.

カースト／インド読書案内

※主要参考文献のほかに入門書として参照されたい

†カースト、不可触民問題

金基淑編著、二〇一二、『カーストから現代インドを知るための30章』明石書店

小谷汪之編、一九九七、『インドの不可触民――その歴史と現在（世界人権問題叢書）』明石書店

藤井毅、二〇〇七、『インド社会とカースト（世界史リブレット86）』山川出版社

†インド、南アジアの社会・文化・政治・経済

粟屋利江・井上貴子編、二〇一八、『インド ジェンダー研究ハンドブック』東京外国語大学出版会

粟屋利江、一九九八、『イギリス支配とインド社会』（世界史リブレット38）山川出版社

石坂晋哉・宇根義己・舟橋健太編、二〇二〇、『ようこそ 南アジア世界へ――地域研究のすすめ』昭和堂

井坂理穂・山根聡編、二〇一九、『食から描くインド――近現代の社会変容とアイデンティティ』春風社

押川文子・南出和余編、二〇一六、『「学校化」に向かう南アジア――教育と社会変容』昭和堂

辛島昇、二〇〇九、『インド・カレー紀行』岩波ジュニア新書

辛島昇ほか監修、二〇一二、『新版：南アジアを知る事典』平凡社

ギーターンジャリ・スーザン・コラナド（小磯千尋・小磯学訳）、二〇〇〇、『インド人（カルチャーショック）』河出書房新社

小磯千尋・小松久恵編、二〇二二、『インド文化読本』丸善出版

佐藤隆広・上野正樹編、二〇二一、『図解インド経済大全――政治・社会・文化から進出実務まで：全11産業分野〈73業界〉収録版』白桃書房

竹中千春、二〇一八、『ガンディー――平和を紡ぐ人』岩波新書

田中雅一・田辺明生編、二〇一〇、『南アジア社会を学

ぶ人のために』世界思想社
中里成章、二〇〇八、『インドのヒンドゥーとムスリム』（世界史リブレット71）山川出版社
橋本泰元・宮本久義・山下博司、二〇〇五『ヒンドゥー教の事典』東京堂出版
広瀬崇子・近藤正規・井上恭子・南埜猛編著、二〇〇七、『現代インドを知るための60章』明石書店
キャサリン・ブー（石垣賀子訳）、二〇一四、『いつまでも美しく――インド・ムンバイのスラムに生きる人びと』早川書房
堀本武功、二〇一七、『現代日印関係入門』東京大学出版社
堀本武功・村山真弓・三輪博樹編、二〇二一、『これからのインド――変貌する現代世界とモディ政権』東京大学出版社
水島司監修、二〇二一、『一冊でわかるインド史』河出書房新社
宮本久義・小西公大編著、二〇二一、『インドを旅する55章』明石書店
山下博司・岡光信子、二〇一六、『新版 インドを知る事典』東京堂出版
山下博司、一九九七、『ヒンドゥー教とインド社会』（世界史リブレット5）山川出版社
エドワード・ルース（田口美和訳）、二〇〇八、『インド 厄介な経済大国』日経BP社

◎主要図版出典一覧

インド政府HP　https://www.pmindia.gov.in/en/major_initiatives/swachh-bharat-abhiyan/)　九八頁
Sudharak Olwe　一二三頁
ヤシカ・ダット facebook　一九八頁
ハーバード大学HP　一九八頁

2002年	2月 グジャラート州アフマダーバードで列車焼き討ち事件発生，各地でヒンドゥー・ムスリム間暴動発生
2004年	4～5月 第14次総選挙で反インド人民党勢力の統一進歩連合（UPA）が勝利，インド国民会議派主導のマンモハン・シン政権成立
2007年	1月 ダリト出身者で初の最高裁長官にK.G. バーラークリシュナンが選出される（～10年）．5月 ウッタル・プラデーシュ州議会選挙で大衆社会党の単独政権樹立
2009年	4～5月 第15次総選挙，統一進歩連合（UPA）勝利，第2期マンモハン・シン政権発足．4月 ダリト出身および女性で初の連邦下院議長にミーラー・クマールが選出される（～14年）
2014年	4～5月 インド人民党が第16次総選挙で大勝．ナレーンドラ・モーディーを首相とする国民民主連合（NDA）政権発足．10月 モーディー政権の環境キャンペーン「クリーン・インディア」始動
2016年	1月 ハイデラバード大学院生ローヒト・ヴェームラーの自殺
2019年	4～5月 第17次連邦下院選挙で，モーディー首相下で第2期国民民主連合（NDA）政権発足
2020年	3月 新型コロナウイルス感染症対策のインド全土に対する都市封鎖（ロックダウン）を断行

出典：辛島昇ほか監修（2012）『新版 南アジアを知る事典』平凡社，佐藤隆広・上野正樹編（2021）『図解インド経済大全――政治・社会・文化から進出実務まで 全11産業分野〈73業界〉収録版』白桃書房，山崎元一・小西正捷編（2007）『世界歴史大系 南アジア史1――先史・古代』山川出版社を基に筆者作成

1971年	3月 インド第5次連邦下院選挙，インディラ率いる国民会議派の圧勝
1972年	7月 マハーラーシュトラ州で，ダリト作家による運動組織ダリト・パンサー結成
1975年	6月 インディラ・ガーンディー首相，非常事態を宣言
1977年	3月 インド第6次連邦下院選挙，ジャナター党が勝利し，モラルジ・デサイ政権発足，30年間にわたるインド国民会議派政権の終焉
1980年	1月 インド第7次連邦下院選挙，インディラ・ガーンディー政権復活．4月 インド人民党（BJP）がジャナター党から離脱して発足
1984年	4月 ダリトを支持基盤にした大衆社会党（BSP）の結成．10月 インディラ・ガーンディー首相がシク教徒護衛兵に暗殺される，長男ラジーヴが首相就任
1986年	2月 ヤシカ・ダット生まれる
1988年	スーラジ・イエングデ生まれる
1989年	9月「指定カーストおよび指定部族（残虐行為防止）法」成立．11月 インド，第9次連邦下院選挙で国民会議派敗北．国民戦線のV・P・シン内閣成立
1990年	8月 シン首相，マンダル委員会の勧告実施を発表，各地で反留保政策デモが暴動化．11月 国民戦線政権崩壊，チャンドラシェーカル首相が就任
1991年	5月 総選挙遊説中のラジーヴ・ガーンディーがタミル過激派により暗殺．5～6月 第10次連邦下院選挙実施，国民会議派が勝利．7月 N. ラーオ政権が，経済自由化・新経済政策を発表
1992年	12月 アヨーディヤー暴動事件．インド人民党（BJP）勢力により，バーブリー・マスジットが破壊，各地でヒンドゥー・ムスリム間暴動発生
1996年	4～5月 第11次連邦下院選挙で，インド人民党政権崩壊，統一戦線が国民会議派の支持を得て組閣
1997年	4月 I・K・グジュラール首相就任．7月 ダリト出身で初の大統領にK・R・ナーラーヤナンが選出される（～2002年）．11～12月 グジュラール首相辞任，連邦下院解散．
1998年	3月 第12次連邦下院選挙でインド人民党が第1党となり，13党からなる連立政権成立，A.B. ヴァジパイ首相．5月 インドの核実験．対インド経済制裁発表
1999年	9～10月 インド人民党連合政権が崩壊，連邦下院解散．第13次総選挙で，インド人民党が第1党となり，A.B. ヴァジパイ首相下で国民民主連合（NDA）政権成立

	始まる（～22年2月）．11月 全インド・ヒラーファト会議のデリー大会で会議派とムスリム連盟が提携．12月 インド統治法（1919年法）発布
1920年	9月 国民会議派，カルカッタ特別大会で非協力運動の方針を採択
1928年	2月 サイモン委員会の訪印．委員会ボイコット運動が各地に広まる
1930年	1月 国民会議派，独立の誓約を採択．第2次サティヤーグラハ闘争開始（～34年4月）．3月 ガーンディー，塩の行進を開始．5月 サイモン委員会報告．11月 第1回イギリス・インド円卓会議
1931年	9月 第2回円卓会議にガーンディー出席
1932年	8月 インド政庁，コミュナル裁定を発表．9月 アンベードカルとガーンディーがプーナ協定を締結．9月 ハリジャン奉仕者団の設立．ガーンディーのハリジャン運動の開始．11月 第3回円卓会議
1933年	ガーンディー，『ハリジャン』誌創刊
1934年	4月 不服従（第2次サティヤーグラハ）運動停止
1935年	8月 インド統治法（1935年法）発布
1940年	3月 ムスリム連盟，ラーホール大会でムスリム独立国家の要求を決議
1941年	12月 太平洋戦争始まる
1942年	8月 国民会議派，イギリス撤退を要求してインドを立ち去れ運動を起こす
1944年	9月 ボンベイでガーンディーとジンナー会談
1945年	8月 第2次世界大戦終結
1946年	7月 インド制憲議会選挙が行われる．9月 ネルー，臨時政府を組織．12月 第1回制憲議会の開催
1947年	2月 マウントバッテンがインド総督に就任．7月 イギリス国王，インド独立法に裁可．8月 インド，パキスタンが分離独立
1948年	1月 マハトマ・ガーンディー暗殺．9月 ジンナー死去
1950年	1月 インド憲法が施行される
1952年	2月 第1次インド連邦下院選挙で，国民会議派が勝利
1956年	11月 インドで言語別州再編成法の施行．12月 アンベードカル死去．
1963年	4月 インド，公用語法制定．ヒンディー語を単一の連邦公用語とする
1964年	5月 ネルー死去
1965年	1月 マドラス州で反ヒンディー語運動が激化する
1966年	1月 インド国民会議派のインディラ・ガーンディー政権発足

カースト／インド関連年表

1602年	オランダ東インド会社設立
1604年	この頃，シク教の聖典『グラント・サーヒブ』編纂
1605年	ムガル帝国第4代皇帝ジャハーンギール即位（～27年）
1628年	ムガル帝国第5代皇帝シャー・ジャハーン即位（～58年）
1757年	プラッシーの戦い．イギリスのベンガル支配開始
1794年	W・ジョーンズ，『マヌ法典』を英訳
1828年	R・M・ローイ，ブラフマ・サマージを創設
1829年	サティー（寡婦殉死）禁止令
1833年	ベンティンク，初代インド総督に就任．インド政庁設置
1835年	マコーレー覚書で英語教育普及の方針が打ち出される
1856年	ヒンドゥー寡婦再婚法の制定．19世紀後半からヒンドゥー教団体による「社会宗教改革運動」の拡大．不可触民の教育，福祉活動が行われる
1857年	インド大反乱（セポイの反乱），イギリス軍が鎮圧する
1858年	インド統治法発布．東インド会社が消滅し，イギリス本国によるインドの直接統治が始まる．ムガル帝国滅ぶ
1861年	インド参事会法（1861年法），インド高等裁判所法，インド刑法など発布
1875年	ボンベイにアーリヤ・サマージ創設
1877年	イギリスのヴィクトリア女王がインド皇帝を宣言．直轄領と藩王国からなるインド帝国が完成．カルカッタを首都に
1885年	ボンベイで第1回インド国民会議開催．国民会議派の誕生
1892年	インド参事会法（1892年法）の発布
1905年	7月 インド総督カーゾン，ベンガル分割令を発令．反対闘争が高揚，スワデーシー（国産品愛用）運動起こる
1906年	12月 全インド・ムスリム連盟成立
1909年	5月 インド参事会法（1909年法）．モーリー・ミントー改革発布
1911年	12月 イギリス国王ジョージ5世インド訪問，ベンガル分割の撤回とデリーへの遷都を宣言
1914年	7月 第1次世界大戦勃発（～18年11月）．8月 インド，第1次世界大戦に連合国側として参戦
1915年	1月 ガーンディー，南アフリカから帰国．3月 インド防衛法により政治運動が規制される
1916年	12月 ジンナー，ムスリム連盟議長となり，会議派との協定成立（ラクナウ協定）
1917年	8月 モンタギュー声明
1918年	11月 第1次世界大戦終結
1919年	3月 ローラット法の施行．4月 ガーンディー，ハルタール（ゼネスト）を呼びかける．4月 第1次サティヤーグラハ闘争

カースト／インド関連年表

年	社会の動き
前3500年頃	ドラヴィダ系民族がイラン高原からインド北西部に移住．以降，東進，南下を続ける
前1500年頃	アーリヤ人がアフガニスタンからパンジャーブ地方へ移住
前1500〜前1000年頃	前期ヴェーダ時代――半農半牧社会．『リグ・ヴェーダ』成立
前1000年頃〜前600年頃	アーリヤ人がガンジス川上流域に移動．後期ヴェーダ時代――定住農耕社会．ヴァルナ制度の成立
前800年頃	鉄器の使用始まる
前6〜前5世紀頃	貨幣の使用始まる
前560〜前480年頃	ゴータマ・シッダールタ（ブッダ），生没年については諸説ある
前4〜前3世紀	『ジャータカ』成立
前2〜後2世紀頃	『マヌ法典』成立
1世紀	『バガヴァットギーター』成立
100〜300年頃	『ヴィシュヌ法典』成立
2〜3世紀？	『アルタシャーストラ』現行の形に成立
3世紀頃	『ラーマーヤナ』成立
3〜5世紀頃	『ヤージュニャヴァルキヤ法典』成立．『マハーバーラタ』，現行の形に成立
401〜410年	法顕，インドを旅する．『高僧法顕伝』成る
7世紀	南インドにバクティ信仰が興隆する
630〜642年	玄奘，インドに滞在
646年	『大唐西域記』成る
672〜685年	義浄，インドに滞在

1030年	ビールーニーの『インド誌』成る
15世紀	大航海時代の始まり
1498年	ヴァスコ・ダ・ガマ，カリカットに来航
1502年	ヴァスコ・ダ・ガマ，コーチンにポルトガル商館を開設
1556年	ムガル帝国第3代皇帝アクバル即位（〜1605年）
1600年	イギリス東インド会社設立

鈴木真弥（すずき・まや）

1976年神奈川県生まれ．東京外国語大学外国語学部南西アジア課程ヒンディー語専攻卒．インド・ネルー大学大学院社会科学研究科修士課程修了．慶應義塾大学大学院社会学研究科後期博士課程単位取得退学．博士（社会学）．日本学術振興会特別研究員（PD），人間文化研究機構地域研究推進センター研究員（東京外国語大学）などを経て．2020年より大東文化大学国際関係学部国際文化学科准教授

著書『現代インドのカーストと不可触民——都市下層民のエスノグラフィー』（慶應義塾大学出版会，2015年／第28回アジア・太平洋賞特別賞，第11回樫山純三賞受賞）

共著『現代インド5　周縁からの声』（東京大学出版会，2015年）

『インドの社会運動と民主主義——変革を求める人びと』（昭和堂，2015年）

『インド文化読本』（丸善出版，2022年）ほか

カーストとは何《なに》か

中公新書 *2787*

2024年1月25日発行

著　者　鈴木真弥

発行者　安部順一

本文印刷　三晃印刷

カバー印刷　大熊整美堂

製　　本　小泉製本

発行所　中央公論新社

〒100-8152

東京都千代田区大手町 1-7-1

電話　販売 03-5299-1730

　　　編集 03-5299-1830

URL https://www.chuko.co.jp/

Published by CHUOKORON-SHINSHA, INC.

Printed in Japan　ISBN978-4-12-102787-0 C1222

中公新書刊行のことば

一九六二年一一月

いまからちょうど五世紀まえ、グーテンベルクが近代印刷術を発明したとき、書物の大量生産は潜在的可能性を獲得し、いまからちょうど一世紀まえ、世界のおもな文明国で義務教育制度が採用されたとき、書物の大量需要の潜在性が形成された。この二つの潜在性がはげしく現実化したのが現代である。

いまや、書物によって視野を拡大し、変りゆく世界に豊かに対応しようとする強い要求を私たちは抑えることができない。この要求にこたえる義務を、今日の書物は背負っている。だが、その義務は、たんに専門的知識の通俗化をはかることによって果たされるものでもなく、通俗的好奇心にうったえて、いたずらに発行部数の巨大さを誇ることによって果たされるものでもない。現代を真摯に生きようとする読者に、真に知るに価いする知識だけを選びだして提供すること、これが中公新書の最大の目標である。

私たちは、知識として錯覚しているものによってしばしば動かされ、裏切られる。私たちは、作為によってあたえられた知識のうえに生きることがあまりに多く、ゆるぎない事実を通して思索することがあまりにすくない。中公新書が、その一貫した特色として自らに課すものは、この事実のみの持つ無条件の説得力を発揮させることである。現代にあらたな意味を投げかけるべく待機している過去の歴史的事実もまた、中公新書によって数多く発掘されるであろう。

中公新書は、現代を自らの眼で見つめようとする、逞しい知的な読者の活力となることを欲している。

中公新書

現代史